医師のための投資術

手間をかけずに資産を増やす!

北尾龍典
［レオンホールディングス代表取締役］

Today, we live in an age which future is uncertain, and we don't know what will happen. Moreover, if you're a doctor doing chronic hard work, there's a high probability you'll get sick or burned out. If you have medical license, it doesn't mean you can earn enough money for the rest of your life.

I don't want doctors to regret later in life, saying "It must haven't been like this". Nowadays, it is said that we live in the age of the 100-year life. That's why I would like you to wisely save taxes and start investment while you are young, in your 20s and 30s, and by your 50s at the latest, to steadily build the assets and prepare for the future.

In this book, I will provide you the way allowing busy doctors to increase their assets with little effort, focusing on my specialty, real estate. I hope as many doctors as possible implement their own money plan to make a flow of the money that they can gain outside of their main business. And I want you to have a future with no worries about money.

ポプラ社

あなたが一番影響を受けた本は
なんですか？

「銀行の預金通帳だよ」

バーナード・ショー
（アイルランドの劇作家）

コロナ禍という受難の時代

もはや「非常勤勤務」に頼れない時代になった

２０１９年末からのコロナ禍の影響を受け、収入が激減した医師が増えています。

新型コロナウイルスの感染拡大によって、医療機関は対応に忙しいはず。「医師の収入は増えたのでは？」と思う方もおられるかもしれません。

しかし実際は、全面的にコロナ対策に関わる医療機関はごく一部に限られます。

多くの医師たちは、常勤先の病院から他所での勤務を禁じられ、身動きが取れなくなっているのです。

実は、医師の間では「収入アップを目指すなら、非常勤」という考えが一般的です。

「非常勤」とは、常勤先以外の医療機関で医師として働くアルバイトのこと。

非常勤の勤務には、「木曜の午後の外来のみ」のようにスケジュールを決める場合と、検診や当直などのようなスポット対応があります。

実際に、医師の半数以上が常勤先とは別の医療機関で、非常勤医師として働いているという調査結果があります。

また、多くの医師に接している私の立場からすると、もしかしたら7割近くの医師が収入を増やす目的でバイトをしているかもしれません。


非常勤医師の時給の相場は1万円。

1日8時間勤務するとして、1回で、1万円×8時間で8万円の収入を得られます。

1週間に2回、アルバイトすると、月額に換算すると、8万円×8＝64万円の収入アップにつながっていました。

年52週で換算すると832万円、非常勤勤務で増やすことができたのです。

また産婦人科や麻酔科などでは、1回の当直で15〜30万円得られることもめずらしくありません。

この場合、もし月に4回、当直を行えば、15〜30×4＝60〜120万円を手にすることができます。

こうして、毎月60万円をアルバイトで稼いでいたとしたら、単純計算で年間720万円を上積みすることができていました。

しかしコロナ禍で、こうした常勤先以外の収入がほとんど絶たれてしまったのです。

せっせと残業して「残業代」を稼いでいたサラリーマンが「働き方改革」で長時間勤務できなくなり、給料が激減したのと同じです。

コロナ禍で医師も、非常勤勤務ができずに収入が減って困っている人が急増しているのです。

医師は高額納税しているのに、退職金や年金がほとんどない

「そうは言っても、お医者さんは、そもそも高給取りだからそう困らないでしょう?」

とあなたは思うでしょうか。

「高収入の職業は？」と聞かれたとき、弁護士やパイロットなどと並び「医師」が思い浮かぶ人も少なくないかもしれませんね。

厚生労働省の「平成29年賃金構造基本統計調査」によると、医師の平均年収は１２３３万円。ドクターは高収入であることは確かです。

でも、日本は累進課税を採用していますから、額面の年収が上がれば上がるほど、所得税などの負担が重くのしかかります。

たとえば所得税の税率は、課税所得が６９５万円から８９９万円までは23％。

しかし、課税所得が９００万円を超えるようになると、税率はいっきに10％も跳ね上がって33％になり、住民税の10％をあわせると43％にもなります。

課税所得が１８００万円以上になると所得税の税率は40％で住民税をあわせると50％、４０００万円以上では所得税はなんと45％となり、住民税をあわせると55％の税金を支払わなければなりません。

そのため、額面の年収が１０００万円の場合、所得税、住民税、社会保険料などを差し引くと、手取りはおよそ730万円になるという試算があります。

たとえ1500万円稼いでいても、手にするのは1000万円程度。

つまり、額面の収入が上がれば上がるほど、税金や社会保険料の重みが増して、手元に残る現金は相対的に少なくなるのです。

医師にとっては、いかに手取りの金額を増やすかがとても大切なのですが、そのことを考え実践しておられる方は、大変少ないのが実情です。

またほとんどのドクターは、一般的な会社員とは異なり「退職金」をあてにすることができません。

近年は、大学医局に属さずに医師として働くことが少なくありません。

また、いったん医局に入っても、退局して転職、民間の病院で働くケースも増えています。

一般的な会社員とは異なり、医師の転職にはネガティブなイメージはあまりありません。

そもそも、医師の数は慢性的に不足しているため、売り手市場。経験豊富なドクターほど、即戦力として多くの病院から必要とされるからです。

そのため、医師の転職回数は平均で4～5回とも言われています。

つまり、勤続年数がそれほど長くならないため、退職金の金額は低めになる傾向があります。

また一般的に医師の給与水準が高いのは「退職金」込みで考えられているため、10年常勤で勤務したとしても、2000～5000万円程度だと言われています。

年金についても同様です。

一般的なサラリーマンの場合、年金受給額は勤続年数に比例して増えていきます。

しかし医師は、国公立病院なら厚生年金、開業医なら国民年金など、勤務先が変わるたびに、仕組みが異なる公的年金に移ることが少なくありません。

そのため、長期間、医師として働いたとしても「想定していたよりもずっと少ない」ということがあり得るのです。

働き方、お金について真剣に考えるべき時代になった

近年、医師を取り巻くキャリアの環境は大きく変わりつつあります。

かつては、多くの人は卒業した大学の医局に所属し、大学病院や関連病院で働くのがあたりまえとされていました。

しかし、２００４年に制定された「卒後臨床研修制度の必修化」により、流れが大きく変わります。

医師免許を取得したあと、医学部に付属する大学病院でなくても、臨床研修施設として指定された病院であれば、２年間以上の初期臨床研修を受けることができるようになったのです。

そのため多くの医師が、大学の医局を離れ、魅力あるプログラムや研修医の処遇が充実している病院に行くようになります。

そして、その後の後期研修や勤務先まで、選択の幅がいっきに広がったのです。ただその分、これまでのように大学病院で「講師→准教授→教授」という決まった出世コースに乗る人が減っているのが実情です。

そのため、**キャリアと収入のアップ、そしてご自身の将来のために、働き方や「お金」について模索しているドクターが増えている**と言っていいでしょう。

収入の差も、平均年収からはうかがえない変化が進んでいます。

民間の美容外科などに勤める医師の年収は、5000万円を超えるケースも少なくない一方で、大学病院に勤務するドクターは講師で700万円台、准教授で800万円台ともいわれています。

だからといって「民間の病院に勤務しているから将来が安泰」なわけではありません。

収益が悪化すれば、病院は廃業や倒産の危機に陥り、リストラに遭うことも十分、考えられます。

独立・開業するとしても、長い準備期間に加え、多額の開業資金が必要となります。**たとえ今、高収入を得ているドクターでも、この先のお金について、真剣に考えなければならない時代になっているのです。**

「節税」と「将来への備え」を同時に叶えよう

私は、2004年に不動産を中心に資産の有効活用をアドバイスする、株式会社レオン都市開発を設立。

将来に不安を抱えるドクターや、不動産で資産を築きたい人々のために、先を見据えたコンサルを行っています。

また近年では、ドクターに希望の勤務先をご紹介する「紹介事業」、医療機関の採用活動をサポートする「人事代行支援事業」、さらには、客観的なデータに基づき、採算の取れる開業を設計、具現化する「開業支援事業」や、医療機関のM&Aのお手伝いをする「継承支援事業」も行い、総合的なサービスを展開しています。

20年近くの間、お金の面からサポートしてきた経験から言えるのは、とにかく医師はお金にむとんちゃくな人が多いということです。

最近でこそオンラインで管理できるようになっていますが、以前は、ご自身の銀行口座の通帳を数年以上、記帳していない先生は、一人や二人ではありませんでした。

また、稼げるからと散財したり、気軽にローンを借りたりする方も少なくありません。

税金や社会保険料の知識もなく、わけのわからないまま支払い、お給料は「忙しいから」といって、銀行の預貯金に預けっぱなし。

現代は、先行きが不透明で何が起きるかわからない時代です。

まして、ドクターのように慢性的な激務を続けていたら、いつか健康を害したり、燃え尽きてしまったりする可能性は少なくありません。

医師免許があるからといって、一生、十分な収入を得られるとは限らないのです。

私はドクターに、人生の後半になってから「こんなはずじゃなかった」と後悔してほしくない。

今や「人生100年時代」と言われています。

だからこそ、20代、30代の若いうちから、そして遅くとも50代までには、賢く節税をしながら投資をし、着実に資産を築いて、将来に備えてほしいのです。

この本では、激務をこなすドクターが手間をかけずに資産を増やす方法を、私の専門である不動産を中心にお伝えします。

「めんどくさい」「リスクが不安」と先延ばしにしていると、5年後、10年後、そして20年後には、確実に大きな差となって現れます。

一人でも多くのドクターが、ご自身なりのマネープランを描いて実践し、本業以外で手にすることができるお金の流れをつくってほしい。

そして、お金の悩みのない未来を手にしてほしいと思っています。

「手間をかけずに資産を増やす！　医師のための投資術――もくじ」

第2章 医師がお金のリテラシーが低い理由

第3章 稼げる医師の3つの共通点

第4章 日本の税制は「高所得者」よりも「資産家」を優遇している

第5章 不動産投資が忙しいお医者さんに最適な理由

第6章 医師の懐を狙う怪しい人たち

序章

Foreword

「稼ぐ」⬇「育てる」⬇「使う」で人生の達人になってほしい

感染症のパンデミック（世界的大流行）によって、今までのあたりまえが大きく変わっている昨今。

激動の時代には、お金は「稼ぐ」だけでなく、「育てる」という視点をぜひ、持ってほしい。

特にドクターは「稼いでいる」のに、もしかしたら「稼いでいる」からこそ、一般のサラリーマンよりも、自分のお金をほったらかしにしすぎています。

フランスの経済学者、トマ・ピケティは「労働が収益を生む（経済成長率）」と「資本が資本を生む（資本収益率）」の2つを比較した結果、資本主義社会においては、

資本収益率 ＞ 経済成長率

という結論を導き出しました。

つまり、新興国などでよほど経済が成長していない限りは、先進国では自分が働くよりも、資産を持って運用する人のほうが資産が増えていくということです。

ドクターはせっかく稼いでいて、投資に回す資金があり、お金を育てやすい人たちなのですから、しっかりと育てていってほしい。

その上で「使う」楽しみを持って、人生の達人になってもらいたいのです。

ドクターは、趣味を持つとのめり込む人が少なくありません。

でも、日頃忙しく働いている反動で、稼いだ分をパーッと使ってしまうのではなく、将来のしっかりとした基盤を築いてから、思う存分、楽しんでほしい。

私も多くのドクターと同じように、これまでに温泉好きが高じて「温泉ソムリエ」の資格を取得して全国を回ったり、ウイスキーにこだわるあまりに、ウイスキーバーを開業したり、トライアスロンで完走したいがために、グッズを買い揃えて練習をしたりなど、さまざまな趣味に時間とお金をつぎ込んできました。

それも、自分の労働力ではなく、投資によってお金がお金を育ててくれているおかげです。

私はドクターと、自分のプライベートな時間を存分に楽しめるような、お金と人生の設計を一緒にしていきたいのです。

なぜ医師は
お金が
貯まらないのか？

第1章

Why doctors can't save money?

そもそも「節約しよう！」と考えたこともない人がほとんど

高収入の割にはお金にむとんちゃくで、貯金や資産がほとんどない。

それが、大半の医師の実情です。

では、どうしてドクターは、年収が高いのに手元にお金が残らないのか。

まず、**最も大きな理由として、そもそも「お金を節約しよう」とは思っていないことがあげられるでしょう。**

私は医師が「お金を節約しよう」と考えないのは、収入が高いという理由以外に、子どものころからの生活習慣があると考えます。

大学の医学部は極めて難関であるため、中学、高校時代から医師になることを目指してコツコツ勉強していなければ合格は難しい。

そのため、ドクターは基本的に勉強熱心な人がほとんどです。

勉強に忙しく、サッカーや野球などの部活で「全国大会に出場した」という人はごく一部を除いてあまり聞いたことがありません。

また、やっと大学に入学したあとも、一般的な大学生のようにアルバイトやサークル活動を楽しむヒマはありません。

医学部に在学中の6年間は、専門分野に絞り込まずに、すべての医学を一通り学ばなければならないからです。

やっとのことで国家試験に合格したあとも、2年以上の初期臨床研修が待っています。

そうして、幼いころからひたすら勉強だけを行ってきた結果、経験したことがあるアルバイトは家庭教師くらいでしょう。

また、アルバイトをしたり、お金の使い方に頭を悩ませたりしないで「勉強に専念できるように」というご両親の気持ちから、決まったお小遣いでやりくりさせられたことがある人は少ないと考えることができます。

お金が必要な場面では、ご両親が黙ってサポートしてくれていたであろう医師たちは、お金を「どうやって使うか」など考えた経験が少ないのではないでしょうか？

さらに医師になったあとは激務が待っています。

厚生労働省が２０１９年に行った「医師の勤務実態調査」によると、常勤医の労働時間で最も多いのが「週50〜60時間」で26・３％。

次に多いのが「週40〜50時間」で、22・３％です。

労働基準法の法定労働時間は週に40時間です。

この基準をはるかに超える「週70〜80時間」、そして「週80〜90時間」もあわせて15％を超えています。

労働が「週40時間未満」は、たったの13・７％。

つまり、週に40時間以上働いている医師が８割以上だということです。

超過勤務が非常に多いだけではありません。

病院常勤勤務医の週労働時間の区分別割合

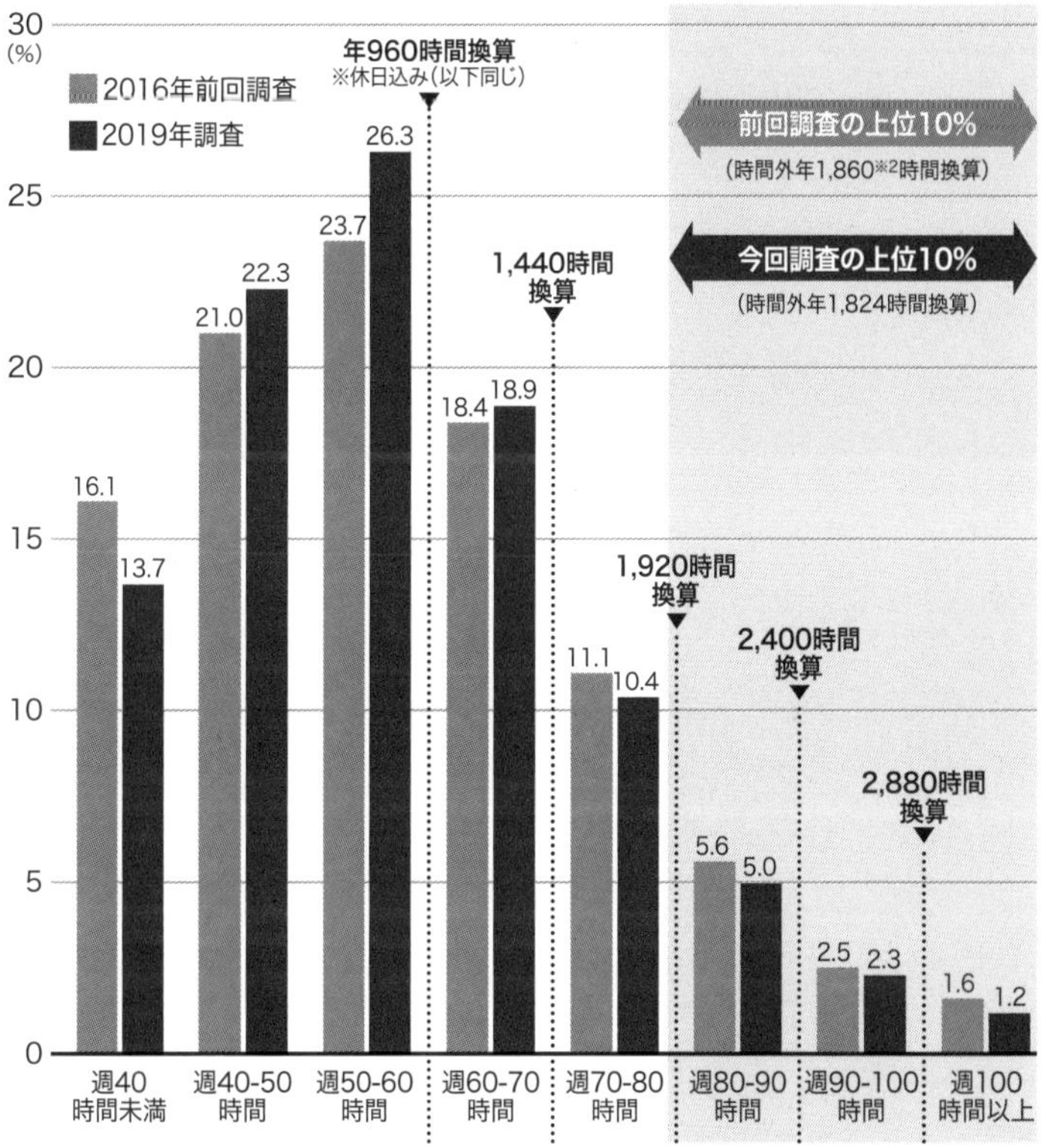

※1　H28前回調査、今回調査ともに、兼業先の労働時間を含み、指示無し時間を除外している
※2　前回調査ではグラフにおける分布の上位10%は年1,904時間であったが、雇用管理の便宜上、12月で割り切れるきりのよい近似値として1,860時間としている
※3　今回調査では宿日直許可を取得していることがわかっている医療機関に勤務する医師の宿日直中の待機時間を労働時間から除外した上で、診療科別の性、年齢調整、診療科ごとの勤務医療機関調整を行っていることに留意が必要
※4　週労働時間の区分別割合は、小数点第2位で四捨五入している

「出典：m3.com」

医師の勤務体制は、不当な労働を強制する「ブラック企業」どころではないのです。

たとえば、入院設備がある病院では、医師が必ず「宿直」として泊まり込み、緊急事態が起きた場合に対処しなければなりません。

多くの病院では、日勤で働いた医師がそのまま当直を勤めることがほとんどです。

さらに、当直が明けた翌日の日勤の勤務まで、一人の医師がこなすのが常態化している病院が少なくありません。

わずかな仮眠をとるだけで、連続で働くことがめずらしくないのです。

いつ呼び出されるか、何が起こるかわからないなかでの長時間勤務のプレッシャーは相当なものでしょう。

忙しさのあまり「1日で食べたのはカップラーメンやおにぎりだけだった」という日が続き、結果的に節約になることはあるかもしれません。

でも忙しすぎて、倹約することにまで頭を悩ませられないという医師がほとんどなのが実情でしょう。

「おもしろい！」と思ったら徹底的にお金をかける

日頃の激務の反動か、多くのドクターは時間ができるとお金を使います。

現役の医師に「休日に、ストレス発散や気分転換のために行っていること」を聞いた調査によると、複数回答で、1位が「旅行」、2位が「おいしいものを食べる」、3位が「買い物」となっています。

限られた時間だからこそ、ただのんびり過ごすのではなく、お金がかかっても日常を離れてリフレッシュをしようとするのでしょう。

またドクターは、学生時代からたくさんの誘惑に負けずに集中して勉強してきた人たちです。

趣味に関しても「おもしろい！」と思ったら、のめり込んでお金をかけます。

たとえば、私の知るあるドクターは、鉄道模型にハマっています。

鉄道模型の世界は、数千円で手にすることができるプラモデルから、室内インテリアも忠実に再現されている真鍮製のモデルまで幅広く揃っています。

高級なものは、20～30万円以上するものもザラにあり、買い揃えていくと数百万円単位でつぎ込むことになります。


お酒が好きなドクターも少なくありません。

特に、ワインやウイスキーにこだわる人が多く、よくワインバーやウイスキーバーで一人で来ている医師に出会います。

ロマネコンティなど高価なヴィンテージワインは、1本で数百万円のものもめずらしくありません。

また、1966年モノのボウモア、1976年モノのトマーティンなど、長期間、熟成した年代もののウイスキーであれば、バーで頼むと15㎖で数万円するものもあります。

ほかにも、数日間の休みに弾丸で海外旅行2カ所に出かける人、アイドル系が好きな人、そして質の高い小物にお金をかける人など対象はさまざまですが、総じて自分の好きなことにはお金をつぎ込む人が多いのです。

一人寿司、一人ウイスキーなど、おひとりさまの外食が好き

新型コロナウイルスの感染拡大以前から、「おひとりさま」の外食を楽しんでいたのがドクターたちです。

私はよく、

「当直明けの一人焼肉がサイコー」

「寿司屋のカウンターに座って、自分の好きなメニューを順に食べるのが好き」

といった話を医師たちから聞いていました。

「おひとりさま」の外食は、男性医師に限りません。

ミシュランガイドに掲載され、予約困難となっているフレンチやイタリアンのレストランに好きな銘柄のワインを用意してもらい、Instagramに画像をアップしている女性医師もいます。

もちろん近年では、新型コロナウイルスの感染拡大を防ぐため、医師たちはたとえ一人でも、外食をするときは人一倍、感染防止に配慮しているという調査結果があります。

感染対策をしていたり個室があったりする店を選ぶのはもちろん、「体調不良のときは利用しない」「空いている時間帯に行く」「飲食が終わったらすぐに店を出る」「店員や常連客との会話を控える」「グループから離れた席にしてもらう」などを心がけながら、外食を楽しんでいるようです。

また、ちょっと贅沢なお取り寄せをするドクターも急増しています。

Q 年間で支出のかさむ費用は何ですか?（複数回答）

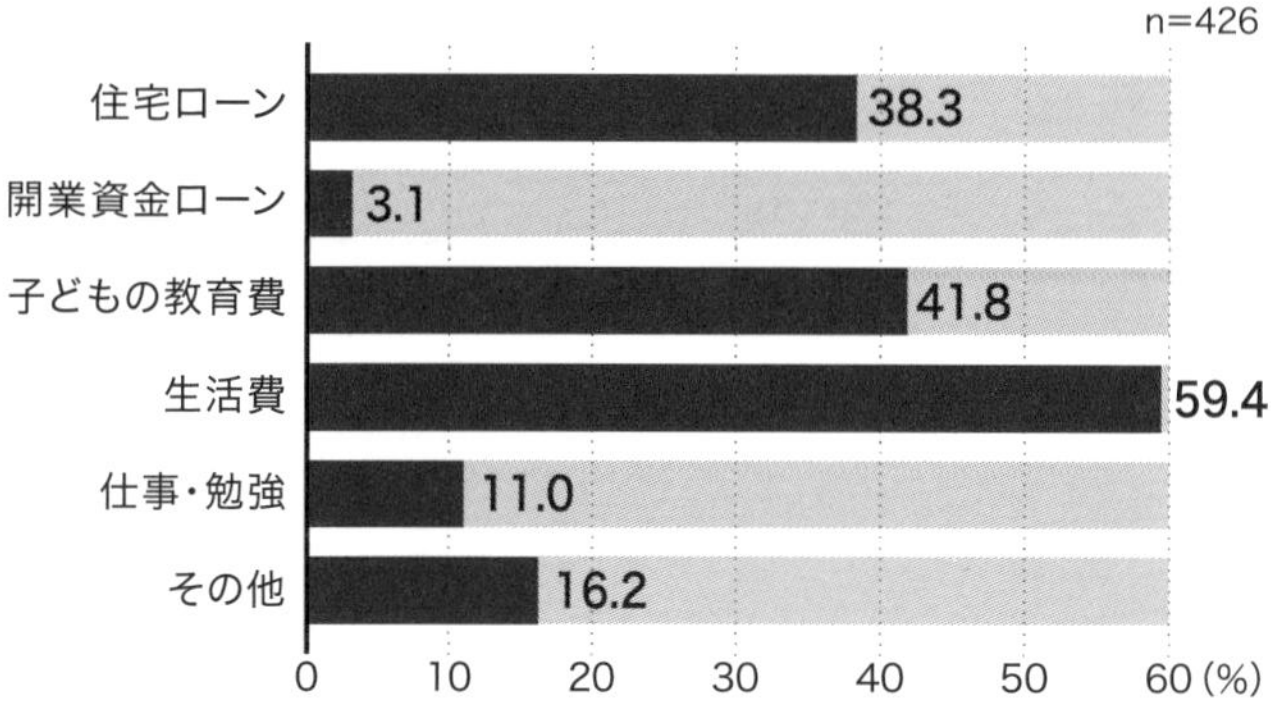

Q 生活費で支出のかさむ費用は何ですか?（複数回答）

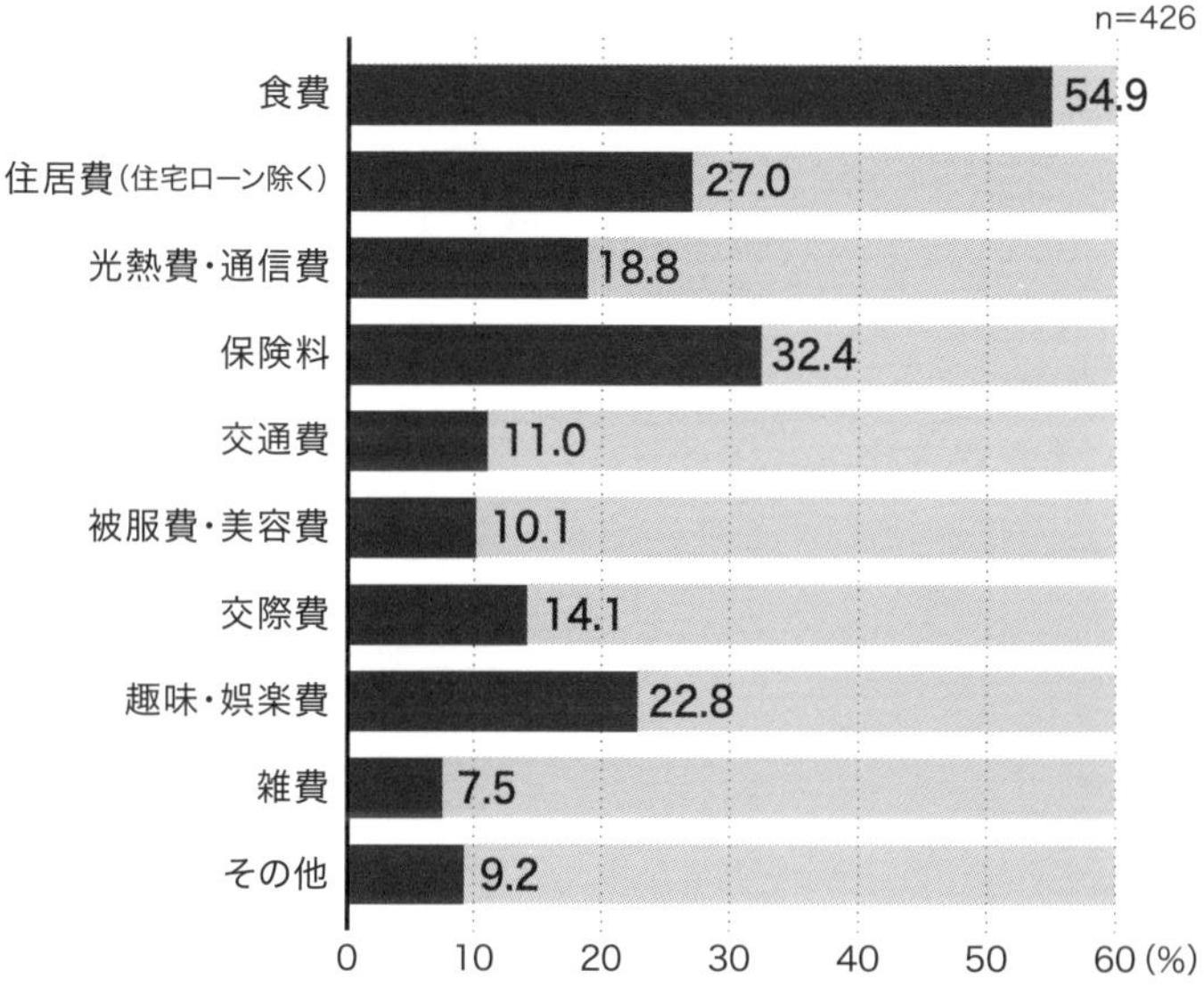

「出典：リクルートドクターズキャリア「医師のお金大調査」」

「Ichigun」というアプリを使うと、都心の名店の肉料理や寿司などのテイクアウトができるので便利だという話をよく聞きます。

また医師の場合、「おひとりさま」で出かける以外にも、家族で揃って外食する頻度は一般の家庭よりも多いと感じます。

医師に対するアンケートでは、35歳以上のほとんどの世代で、毎月の支出額は51万円を超えているという結果が出ています。

「最も支出がかさむ費用は？」という質問に対し、住宅ローンや子どもの教育費を抑えて、生活費がトップになっており、半数以上の医師が、生活費のうち「最も使っている」のは食費だと答えています。

別の調査では、1ヶ月の食費が10～29万円が6割を占めているという結果も出ています。

「ついつい、外食をしてしまう」という話は、私もよく耳にします。

また、意外なところでは「奥さまが付き合いで出かける外食費もバカにならない」ともよく聞きます。

「おひとりさま」でも、家族と一緒でも、外食が多いのがドクターの実態なのです。

一般家庭の家賃並みの保険料を支払う医師も少なくない

医師の家庭で、食費と同様に毎月の支出で高い割合を占めるのが、生命保険です。

世帯主であるドクターが生命保険に加入する最も大きな目的は、自分にもしものことがあったときに、家族にある程度のお金を残すということでしょう。

では、残された家族に必要な金額はいったいどのくらいになるのか。

たとえば、毎月50万円の支出がある、「ドクター（39歳）、配偶者（36歳）、子ども（8歳と6歳）」の4人家族を考えてみましょう。

ドクターが39歳で亡くなったと仮定して、6歳の子どもが大学を卒業するまで、これまでの生活費の80％が必要とします。

その後、配偶者は90歳まで生きると仮定して、生活費は50％とします。

50万円×0・8×16年（192ヶ月）＝7680万円
50万円×0・5×38年（456ヶ月）＝1億1400万円

単純に考えても、このご家族では生活費だけで1億9000万円、およそ2億円が必要となります。

それ以外にも、子どもを医者にしようとしていたのであれば、教育費も数千万円単位で必要となるでしょう。

もちろん、この例のように若くして亡くなるケースはまれでしょう。

さらに、公的年金などもありますから、生命保険だけで残された家族の生活をサポートするわけではないかもしれません。

とはいえ、医師の家庭は支出が多くなりがちです。

万が一を考えると、2億円、3億円の保険に入りたくなってしまうのでしょう。

2億円の生命保険に入るとしたら、月々の支払いはかなり高額です。

実際に、私の接するドクターたちの話を聞くと、月額で10万円以上の保険に入っている人も少なくありません。

一般家庭の家賃並みの値段を払っている。

そのために、なかなか手元にお金が残らないドクターがかなりの割合でいるのです。

絶対的な信用度で、高い家、高い車のローンを組む

サラリーマンにとって住宅ローンの金額は「年収の5倍程度」が適切と言われてい

ます。

年収が400万円であれば、2000万円の家がムリなく払える金額だと判断されます。

ところが、医師の場合、年収の8倍ほどのローンを組むことが可能です。

つまり、ドクターの平均的な年収の1200万円であれば、9600万円までローンが組めるのです。

実際に、私のまわりでは、7000~8000万円かけて注文住宅を建てたり、1億円近くのタワーマンションを購入したりする医師が多くいます。

また、各都道府県にある、医師信用組合の住宅ローンは、限度額が2億円になっているものも少なくありません。

なぜドクターは、稼いでいるとはいえ、これほどまでに多額のローンを組むことができるのか。

それは「医者」としての信用度がトップランクだからです。

金融機関が融資の審査で最も重視するのは、「借主の属性」です。「医者」であれば、仕事に困ることはほぼありません。

サラリーマンとは違い、40歳、50歳になっても、ベテランとして引く手あまたです。また定年はありませんから、本人が望めば何歳になっても働ける。長く安定して高収入を得られると考えられているからこそ、住宅ローンの限度額が高くなるのです。

また、ドクターの多くは高級外車に乗っています。

ベンツやBMW、アウディなどのドイツ車が多く、次に、ランドローバーやジャガー、そしてボルボに乗る医師をよく見かけます。

理由として考えられるのは、まず医師は「安くて性能がそこそこのもの」より「伝統があり高性能であるもの」を好む傾向があるということです。

また、個性が強いデザインが好きなドクターは多く、必然的に日本車よりもヨーロッパ車が選ばれるのでしょう。

こうした高級外車は、国産車に比べ車体が丈夫という定評があるのも理由の一つでしょう。

まわりもみんな、外車に乗っているのがあたりまえ。

そして住宅と同じように、絶対的な信用度でローンを組みやすいため、国産車や軽自動車という選択肢がなくなってしまうのかもしれません。

子どもも医師にしようとすると、教育費は1億円以上？

実は、国公立の大学の医学部に通うのと、医学専門の私立の医大に進学するのでは、教育費に大きな差が出ます。

国公立の大学の医学部は、ほかの学部と授業料は同じです。

文部科学省令によって定められた標準額は、国立大学の入学金がおよそ28万円、そして授業料は年間およそ54万円となっています。

つまり6年間で350万円になります。

実際には「研究費」や「後援会費」などが別にかかるため、700～800万円になることが多いのですが、それでも私立に比べれば格安です。

一方で私立の医大は、安くても6年間で2000万円、高いところでは6000万円近くかかります。

ただし、国公立大学は学費が安い反面、高い学力が要求されます。

最も簡単な大学でも、京大の理学部レベルの学力を必要とします。

また、私立の医学部でも学費が安い大学ほど、偏差値が高い傾向にあります。

そのため、できるだけ大学の学費を抑えようと考えるなら、小学生、中学生のころから、人の何倍もの力を注いで勉強に取り組まなければならないのです。

また、医者になるまでにかかる費用は、大学の学費だけではありません。

高いレベルの狭き門をくぐり抜けるためには、自分一人で勉強しているだけでは難しい。

塾や家庭教師の助けを借りるとしたら、費用もかなりの高額になります。

私の知るドクターの家庭では、家庭教師に毎月30万円かけていたり、医師専門の予備校に通わせていたりしています。

また、夏期講習だけで100万円以上かかることもあるようです。

中高一貫して、毎月30万円を支払って家庭教師をつけたとしたら、それだけで2000万円以上かかります。

つまり、よく「医師を一人育てるまでには1億円かかる」というのは、実際にあり得ることなのです。

また、医師の家庭では「兄弟3人すべて医者」というケースもめずらしくありません。

一人を医者にするために1億円かかるとしたら、単純に考えても子どもが3人いれば3億円かかります。

そのためか、高い学費が必要な私立の医学部の学生は、半数以上が親が医者か経営者というケースが多いようです。

よく「ドクターの子どもは医者になることが多い」と言われています。

それは、自分と同じ道を歩んでほしいと考える親心もあるでしょうが、金銭的に子どもを医者にできるのは、医師の家庭でないと難しいという現実もあるのではないでしょうか。

退職金も年金もほとんどないことを知らない

医師として一人前と認められるのは、ストレートに試験に合格しても26歳と、一般的な社会人になる時期に比べると遅めです。

大学の医局に入り、大学院に入るとなれば、さらに4年間の博士課程を終わらせなければなりません。

社会に出るのが30歳を過ぎるとなれば、50歳、60歳はまだまだ働き盛り。

まして、体力とスキルさえあれば、何歳になっても続けられるのが医師という仕事です。

そのためか、引退の時期を聞いたアンケートを見ると、約7割が「75歳までに引退したい」と答えています。

75歳以降現役を希望する医師も少なくなく、80歳を超えてやっと引退を考える人も12％もいるのです。

私の知る、ある著名なドクターも、まわりに請われて理事長となり83歳まで現役で働いておられました。

そうして長く働く傾向がある医師たちは、受け取る年金の額が少なくなりがちです。

国民年金の加入は原則として60歳までです。

厚生年金は、働き続ければ70歳まで加入して保険料を支払います。

現在、払い込んだ年金の受給は65歳からとなっていますが、多くの医師のように働き続けて収入がある場合、年金の支給が一部、もしくは全額、停止されることがあります。

つまり、ドクターのように収入が高い人が、年金の受給年齢になっても働いていると、受け取る年金の額が減額されてしまうのです。

これは、**言葉を変えれば、医師は人一倍年金を納めてきたのに、もらえる金額は納めた金額に見合わない金額になりかねない。**

また、まえがきでもお話ししたように、

Q 医師として何歳まで働きたいですか?

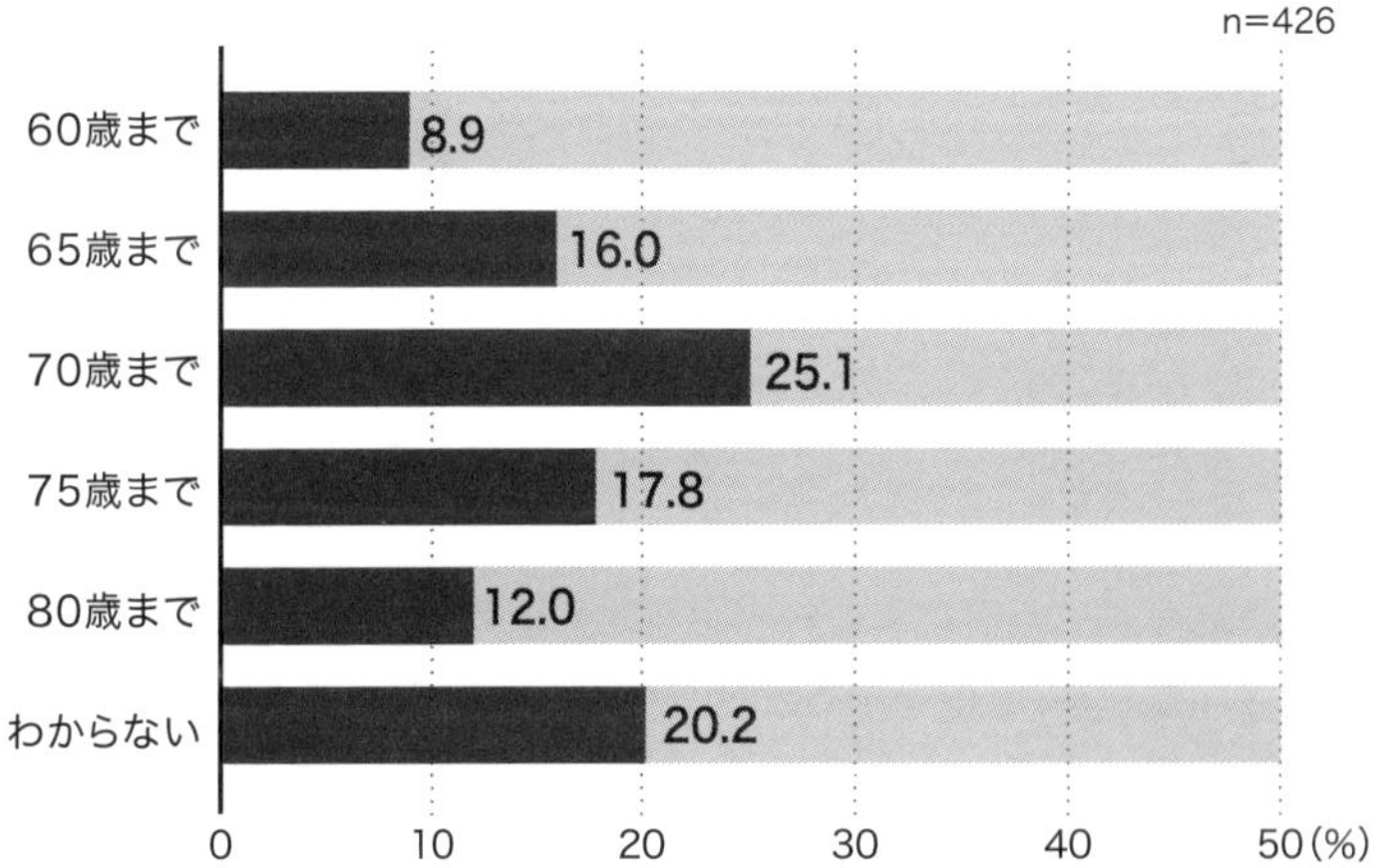

「出典:リクルートドクターズキャリア「医師のお金大調査」」

医師は一つの病院に一生勤めることはまれで、転職があたりまえのため、退職金をあてにすることができません。

一般的な会社員であれば、退職金や年金を含めて老後の資金計画を立てることができます。

でもドクターは、引退を考え始めるよりもずっと前から、対策を取っておかなければならないのを知らずにいる人があまりにも多い。

私は、忙しく働きづめで、将来のお金について考えずに年齢を重ね、体力が衰えるころにあわてるような事態に陥ってほしくないのです。

独立・開業するためにも多額の資金が必要

ドクターは、勤務医であっても多くが高収入を手にしています。

さらに、独立・開業した医師たちは、クリニックが軌道にのればさらに多くの年収を得られる可能性があります。

平成29年の「賃金構造基本統計調査」によると、勤務医の平均年収は約1233万円です。

一方で、令和元年の調べによる開業医の年収は、平均して約2760万円と、およそ2・2倍となっています。

ただし、各科目や診療所の規模により差があるのと、開業医の場合は給料ではなく、手にした金額から社会保険料や税金を払う必要があるという違いがあります。

いずれにしても、独立・開業することで得られるメリットの一つが、収入の増大だと考えることができます。

ただし、開業するには莫大な資金が必要です。

診療所を開設するためには、まず物件を借りる必要があります。

一般的な賃貸の住居とは異なり、店舗として借りる場合は、ほぼ1年分の家賃を保証金として支払わなければならない地域が少なくありません。

賃料が40万円だとしたら480万円が必要になり、加えて礼金などを支払う必要がある場合も多いのです。

さらに、診療科によって異なりますが、エックス線やCTスキャンなど専用の医療機器を揃える必要があり、1台数百万円から数千万円かかることもあります。

また、看護師などのスタッフも雇い、給料も支払わなければなりません。

もちろん、すべての開業資金を貯金で用意する必要はありません。

金融機関から融資を受けるのが一般的ですが、それでも多額の費用を借りるのには、自身でもある程度の初期費用を用意する必要があります。

もしも「経験を積んだら開業しよう」と考えるのであれば、銀行からの融資を受けられるよう頭金を用意したり、開業後に軌道にのるまでの資金も確保したりしておかなければなりません。

つまり「まだ、そんな必要ないよ」などと先送りにせずに、若いうちから着実に資

産を形成しておくことで、将来「開業」という選択肢が広がるのです。

医師の実力によって年収の差はどんどん開いていく

医師は、今は「高収入」を代表する仕事の一つです。

しかし、少し長い目でみると、今後は二極化が進むと考えられます。

その背景として、日本の医療費の増大があげられます。

日本の医療費は、2016年と新型コロナウイルスの感染拡大問題が広がった2020年を除き、過去最高を更新し続け、40兆円を超えています。

医療費増大の最大の理由が少子高齢化です。

日本の人口は高齢化が進み、医療費の半分以上が65歳以上にかかっているというデータがあります。

また今後、ますます高齢化社会となり労働人口が減少するため、社会保険料の確保が難しくなるでしょう。

国の財政を圧迫する医療費を削減するために、政府は段階的に「診療報酬」という病院に対する支払いを下げていく姿勢です。

診療報酬の改定が進めば、当然、病院は減収を避けられません。

医師の年収を下げざるを得なくなる可能性が高いのです。

その一方で、医療はどんどん進化し、保険の適用範囲外で高度な治療が受けられるようになるでしょう。

そうした先端医療に対応できる医師の収入は、確実に上昇するはずです。

今でさえ、大学病院の勤務医の収入は平均より低めになっており、民間の病院に勤務する医師との差が開きつつあります。

以前は「あたりまえ」だった、大学の医局に所属するという働き方を疑わずに続けている医師は、収入の面では取り残されているのです。

さらに今後、ドクターの働き方に大きな変化が訪れようとしている状況で「これまでと同じでいい」と考えていると、進化に応じた実力を身につけている医師とは、大きな違いが生まれるでしょう。

さらに、国は慢性的な医師不足を解消しようと、医学部の定員を増やしています。一人前の医師になるまでには、医学部に入学してから最短でも8年はかかります。ですから、今すぐに医師の供給が過剰になり、競争が激しくなるわけではありません。

しかし、10年後、20年後は今と同じ状況であるとは限りません。

まして、日本は少子高齢化が進み、人口の減少が著しい国です。病院を受診する患者さんの数が減っていけば、必然的に必要とされる医師の数も少なくなるはずです。

そして、団塊の世代の人たちが次第に減ってくると、患者さんと医師の数のバランスが逆転し、ドクターが過剰になる可能性もあるのです。

ドクターと同じように「高収入」として知られる弁護士も、１９９９年に行われた司法改革の影響により数が急激に増加したため、競争が激しくなり収入格差が広がっていることが話題になっています。

医師の収入も、年収が５００万円の人もいれば、年収１億円を超える勤務医もいるように格差があらわれることは、十分に考えられるのです。

ここでの話はあくまでも、現在の状況からみた予測ですから、実際にそうなるとは限りません。

とはいえ「医師免許があるから一生安泰」と、ご自身のマネープランを設計せずにいて、いざというときに打つ手がなければ、老後になって悲惨な状況に陥る可能性があるのです。

医師がお金の
リテラシーが
低い理由

第2章

The reason why doctors have low money literacy.

「医師として学ぶこと」が多すぎてお金に気がまわらない

医師の年収が高いのは、間違いありません。

ですが、「収入が高い＝お金持ち」ではないのです。

「高所得者」と「お金持ち」、そして「資産家」は違います。

「高所得者」は単純に年収が高い人、「お金持ち」はお金をたくさん持っている人、そして「資産家」は、お金だけでなく金融資産や実物の資産を保有している人のことです。

ドクターのように、いくら収入が高い「高所得者」であっても、何もせずに使うだけであれば「お金持ち」にすらなれません。

せっかくの収入を活かして「お金持ち」になり、さらに資産を築くためには、お金に関するリテラシーが欠かせないのです。

ドクターのお金のリテラシーが低い、最大の理由は「お金について学ぶ時間がない」ことだと私は考えます。

新しい技術や研究結果などが絶え間なく生まれる医療の世界では、常に研究を行い学び続ける必要があります。

また、臨床では、一人一人違う人間が相手ですから、生まれる疑問もそれぞれ異なります。

日々、そうした問いと向き合うだけでなく、新しい情報を得るために論文を読むなど、私のまわりのドクターは、皆さん意欲的に学んでおられます。

また、自分の専門を深めるための勉強をしたり、もっと幅広い科目を学んで総合的な対応ができるようにしたりするなど「こうありたい」と考える姿に向けて研鑽を積む人も少なくありません。

そうして、ただでさえ忙しい毎日に、時間を見つけて学び続けるドクターにとっては、なかなかお金に気が回らないのが現実でしょう。

自分の年収は知っていても払っている税金の額を知らない

実際に、ドクターのお金のリテラシーはどんなレベルなのか。

これまで私たちが3000人以上の医師と接してきた経験から、いくつか例をあげてお話ししましょう。

まず、どこの銀行口座にいくら入っているかを把握していないケースがよくあります。

そしてお金がないわけではないのに、異なる口座を引き落とし口座に指定して、ネットショッピングしたものの支払いが滞ったり、月々のスマホの使用料金を延滞したりしてしまうのです。

「ちょっとうっかりしただけ」とドクターは軽く考えているかもしれません。

でも、こうした支払いが滞ると、信用情報が傷つき、新しいクレジットカードに入

れなかったり、住宅ローンが組めなかったりと、いざというときに困ることがあるのを、私はドクターに知っておいてほしい。

次に、所得の源泉徴収票をまともに見たことがある医師は、あまりいないと考えていいと言えます。

私がドクターに資産形成のコンサルティングを行うとき、支払っている税金の金額を伝えると、皆さん「えっ、そんなに払っていたの？」と驚きます。

ほとんどの医師は、額面の年収はいくらなのか知らず、およその手取りの金額しか気にしていません。

自分が払っている税金の額や、何が「所得控除」されたり「税額控除」されたりするかをまったく知らないのです。

また実際の手取りの収入は、病院から支払われている「支払金額」でないことを知らないドクターがほとんどです。

手取りの金額は、「支払金額」から「源泉徴収税額（所得税）」を引き、さらに「社会保険料などの金額」と翌年に請求される「住民税」を引いたものになります。

つまり「支払金額」が1500万円だったとしても、手にすることができるのはおよそ1020~1050万円程度になるのです。

税金や社会保険制度の仕組みは、知らなければソンをするようにできています。

払わなくていいものを払っていても、税務署は親切に「こうすれば、税金が安くなりますよ」とは決して教えてはくれません。

「控除」できるものを知り、賢く課税所得を圧縮することが大切なのです。

「あの先生、お金大好き」と言われたくない

「医師は清貧であるべき」と考える人は少なくありません。

「清貧」とは本来、ムダな贅沢を好まないことです。

しかしいつの間にか、医師のように人の命を預かる職業の人は、私欲を捨ててお金を追いかけずにいることが正しいという考えに変わっています。

一般的な人たちだけでなく、ドクター自身にもそうしたイメージは定着しています。

そのため医師は「あの先生、お金大好きなのよ」とウワサされないよう、あえてお金に関心がないふりをして、お金の話をしないようにしているのです。

またそもそも日本では、あからさまにお金の話をする人に対して「ガメツイ」「ガツガツしている」と否定的にとらえます。

私はこれは、江戸幕府が封建制度を確固としたものにするために取り入れた朱子学の影響が大きいと考えています。

朱子学では「生まれもった身分は変えられないこと」、そして「貧しくても清らかであればいい」という思想を持ちます。

そして幕府は、朱子学に基づいた「士農工商」という身分階級をもうけ、金銭のやり取りがからむ、商人という身分を一番下に置きました。

つまり、朱子学を公式に採用することで、庶民が稼ぐことやお金に対して嫌悪感を持ち、身分に納得し貧しさに不満を抱かないように仕向けたと言えるのです。

でもお金は、誰にとっても生きていくために大切で必要なもの。

お金があるからこそ、食べものを手に入れ、安心して眠れる家に住むことができるのです。

実際には、お金にまったく興味がない人がいないように、お金に関心がないドクターはいないでしょう。

なぜなら、私たちと話す機会があると、次々と、

「節税ってどうすればいいのか？」

「年金に代わるものはない？」

「あの病院の何科ってどれくらいの収入？」

「この生命保険に入っているけど、どう思う？」

といった質問を投げかけてくるからです。

病院内では誰ともお金の話はできず、インターネットにあふれる情報は玉石混淆でどれを信じたらいいかわからない。

そこで私たちが有益な情報を提供し信頼していただくと、普段は抑えているお金への疑問や知りたいことをたずねてくるのです。

投資やお金の運用は「人生に必要ない」と考えている

多くのドクターは、

「投資ってなんだかアヤシイ」

「わざわざ投資する必要ある？」

などと考えています。

そして「忙しいし、ソンするくらいなら、手間ひまかけて投資なんてしなくていい」

という人が大半です。

しかし、これからを生きるドクターには投資は欠かせないものです。

日本では、急激な少子高齢化により税金や社会保険料などがじわじわと上昇し続けています。

財務省は、2020年度の「国民負担率」は過去最高の46・1%になったと発表しました。

「国民負担率」とは、所得に占める税金や社会保険料などの負担の割合で、公的な負担の重さを国際比較する際などの、指標の一つです。

特に、医師のような高額所得者に負担はずっしりとのしかかり、「働いたら働いただけ、給与は増える」わけではないことを実感する場面も増えるはずです。

また現代は、あらゆることがめまぐるしく変化する時代です。

予測が難しい未来のためにも、ご自身で働いて稼ぐだけでなく、投資で収入の流れを分散し、お金を働かせて合理的に増やしていくべきなのです。

「投資」は、多くの医師がイメージするようなギャンブルではありません。

ギャンブルとは「勝負の結果に金品を賭ける」、遊戯のことです。

一方で投資とは、利益を生み出す見込みがあるところに、自己資金を投じることを言います。

もちろん投資は、銀行の預貯金とは違い、利益が確約されるものではありません。

また、投じたお金である元本を失うリスクもあります。

しかし、ギャンブルのように偶然性に賭けるものではありません。

リスクを知り管理することで、結果をある程度コントロールすることができるものなのです。


人は損した話はしても、得した話はしないものです。

「あの人は、投資で数百万円失った」「株で大損したらしいよ」などという話はまことしやかに広まり、堅実に資産を積み上げている人の例はウワサに上りません。

しかし、親から資産を継承したのではなく、実際にコツコツと投資をし、いつ医師を辞めても十分に生活していけるほどの資産を持っておられる方も、少ない数ですが一部おられます。

残念なことに、多くのドクターは忙しさのあまり銀行の普通預金にお金を預けっぱなしのことが多い。

でも今や、大手メガバンクの普通預金の金利はおよそ、0・001%。

100万円を預けていても、1年後には100万10円にしかなりません。

数回のATM使用料で吹き飛んでしまうほどの金額です。

1980年代の末から1990年代の初頭、日本経済がバブルに沸いていたときは、銀行の定期預金の金利が6%以上でした。

年利が6%もあれば、100万円を預けた場合、1年後には106万になり、12年後にはなんと2倍近くにも増えます。

しかし、ほぼノーリスクで、この利回りを得られていた時代はとっくに終わっています。

お金を増やすためには、預金以外の手段でなければ実現できないのです。

いつまでも今と同じように「稼げる」と錯覚している

ここで勤務医の給与体系について考えてみましょう。

他業種に勤める同級生と比較すると、医師は、若いうちは目立って高収入です。勤務医でも、30代から1000万円を超える年収を得ることができます。

しかし、15年ほど経つと、上昇カーブが頭打ちになります。

ドクターはこの事実を自覚していない人がほとんどでしょう。

若いうちに高収入を得て「年齢を重ねてもずっと同じように稼いでいける」と、将来を楽観視しているのです。

もちろん、よほどのことがない限り、年収が下がることはないでしょう。

さらに定年がないため「何歳になっても稼げる」と考えるのもムリはありません。

しかし、医師の仕事は激務です。

若いうちは想像ができないかもしれませんが、体力、気力の衰えは避けられないでしょう。

一方で、大手企業に就職した人の場合、45歳を過ぎたあたりから、勤務医の年収に追いつき始めます。

そして、ドクターがハードワークに疲れ果て、さらに、若いころとは異なりアルバイトで稼ぐこともできなくなってくる時期に、他業種のエリートたちに追い越され始めるのです。

また、医師には退職金がほとんどありません。

大手企業の出世組であれば、数千万円単位の退職金を手にすることができるはずです。

一般企業に勤める人たちの収入は、年齢とともに緩やかに上昇するように設計されています。

そのため、生涯年収で比較すると、最終的にはあまり差がないということもあり得るのです。

医師の給与体系を、個人が変えることはできません。

でも、考え方を変え、働き方を変えることで、収入のあり方を選択できる時代になってきています。

だからこそ私はドクターに、「若いうちから高収入」という境遇を有効に活用し、さらに新しいワークスタイルを考えながら、将来を考えて資産を蓄えるようにしてほしいのです。

「人生の資産設計」をしてほしい

私は忙しいドクターに「税金や社会保険制度の仕組み」や「投資商品の詳細な知識」などを学ぶことを勧めているわけではありません。

ではいったい、最低でもどこまでお金について知っておいてほしいと私が考えているのか。

投資の基本は、人生の資産バランスを整えることです。

自分自身の望みを理解し、大まかでもいいからライフプランをもつ。

そして、足りないところを投資で補うという考え方を持っていただきたいのです。

まずは、

結婚はするか、しないか。

するならいつごろか。

また、子どもはほしいか。

何歳で何人くらいほしいか。

子どもを医師にしたいのか。

どんな形で仕事を続けたいか。

開業する予定はあるか。

将来、何歳で引退したいか。

引退してからどんな生活を送りたいか。


こうした点だけでも、ざっくりと考えていただければ、現在のライフスタイルから見た必要な資金をある程度は算出することができます。

もちろん、人生は思い通りに行くとは限りません。

でも、何もわからずにやみくもに働いたり貯金したりするよりも、大まかでも目安があれば、目標に最短で近づくにはどうすればいいかをプロが提案することができます。

そうして早めに「人生の資産設計」を行うことで、人生の後半で「こんなはずじゃなかった」という事態に陥るのが防げるのです。

稼げる医師の
3つの
共通点

第3章

3common points of doctors
who make money.

稼ぐ医師、稼げない医師、何が違う？

医師としての進路を考えるとき、大まかに、
研究を重視するなら大学教員、
臨床で力を発揮するなら勤務医、
稼ぎたいなら開業医、
という選択肢があると言われています。

この本はドクターの資産を増やすための本です。
ここでは「稼ぐ」という観点から話を進めていきましょう。
まずは「稼ぐ」代表格と言われる開業医の平均年収は、およそ２７００万円。
確かに勤務医の約１２００万円より2倍以上高くなっています。
とはいえ、ひとくちに「開業医」といってもさまざまな科目があり、年収は大きく

異なります。

たとえば、最も平均年収が高いのは美容整形外科で、およそ８０００万円。なかには1億円以上稼ぐ医師もいるでしょう。

次に平均年収が高いのは美容皮膚科の２６００万円です。

3番目は精神科医で、およそ２０００万円と言われています。

しかし実際は、ほとんどの開業医がこれほど稼げているわけではありません。

開業医の3割は赤字という調査結果があり、科目によって大きな差があるのです。

もちろん開業医だけではなく、勤務医の間でも年収には違いがあります。

厚生労働省の「第21回医療経済実態調査（２０１７年）」によると、勤務先の経営母体によって年収は大きく異なります。

たとえば「医療法人」などの民間病院の勤務医の平均年収は１４５２万円です。

社会福祉法人などの法人が経営する病院ではおよそ１３００万円、国民健康保険団体連合会などの公的な病院は１２００万円台であり、国立の病院では１１００万円台に下がります。

また、勤務先が都心であれば競争が激しいため、年収は１５００万円で頭打ちになると言われていますが、離島や僻地などでは医師不足を理由に、２０００万円以上を提示する病院も少なくありません。

そのため、都心に住みながら埼玉などに通う医師もいます。

また、調査による年収はあくまでも平均値であり、同じ病院に勤務している同年代のドクターでも、年収に差があることもあり得ます。

私たちはこれまで、３０００人の医師と接してきて、勤務する病院の場所や経営母体などにかかわらず「稼ぐ医師」には、３つの共通の特長があると考えます。

❶コミュ力《りょく》が高い
❷新しいことにチャレンジできる
❸実力がある

では「稼ぐ医師」の特長はどういうことか、次から一つ一つ、説明していきましょう。

❶コミュ力が高い

AI時代だからこそ、コミュ力がある医師が稼ぐ

私は「稼ぐ医師」に最も必要なのは「コミュ力」だと考えます。

「お医者さんって、どうしてあんなに冷たいの？」

というのは、多くの患者さんが共通して持つ印象だと言われています。

患者さんは体調が悪く不安なのに、医師は話をあまり聞いてくれない。

ドクターからすれば、丁寧に説明したつもりでも、相手の立場からするとぶっきらぼうに難しい言葉を並べ立てるだけ。

こんなふうに、患者さんが不信感を抱くと、口を閉ざしてしまいます。

そして、ドクターが知っておくべき情報が手に入らずに、治療がうまくいかなくなる可能性が高まります。

患者さんや家族から信頼され「また、あの先生にお願いしたい」と言われる「コミュ力」があってこそ、稼ぐ力に結びつくのです。

特に、これからの「AI時代」においてドクターには「コミュ力」が求められるようになるはずです。

近年、医療業界でも「AI（人工知能）」の利用が進んでいます。

海外では、AIによる画像診断で病状を検出したり、遺伝子情報から将来発症する可能性が高い病気を明らかにしたりするなどの場面で活用されています。

日本の厚生労働省も、ゲノム医療、診断・治療支援などの分野で、AIの実用化が進むと考えています。

もしかしたら、極端な話、今後、内科ではＡＩが診断を下し、外科ではＡＩが手術を行うようになる時代も遠くはないかもしれません。

しかしだからといって、今後、医師が必要なくなるわけではありません。

医師とＡＩは共存しながら、役割分担をするようになるはずです。

ＡＩは、高い精度で病名を導き出すことができます。

でも、患者さんは「自分は何の病気なのか」を知るだけで満足するわけではないのです。

その状態になぜなるのか、原因としてどんな可能性が考えられるのか、また、どんな治療をすべきなのかを説明するのは医師です。

患者さんに必要な情報だけを選び、緊張している気持ちに配慮しながら話ができるのはＡＩではなくドクターです。

そうした「コミュ力」がある医師はこれからの時代に求められ、稼ぎ続けて生き残っていけるのです。

病院内で認められるのも「コミュ力」が高い医師

ドクターに必要な「コミュ力」は、患者さん相手だけに限ったことではありません。**同僚の医師や上司、看護師、専門スタッフなど、共に働くあらゆる人たちとのコミュニケーションが上手な人は、確実に「稼いで」います。**

２０２１年に医師を対象に行った「医師が出世するために必要だと思うこと」のアンケートでも、１位の回答は「タイミング・運」（40・４％）、２位に「周囲からの信頼」（36・４％）、そして３位に「コミュニケーション能力」（31・３％）となっています。

私は「周囲からの信頼」は「コミュニケーション能力」の結果だと考えますので、2つを合わせると67・7％にもなります。

医療は医師が一人で行うわけではありません。

医師が出世するために必要だと思うこと

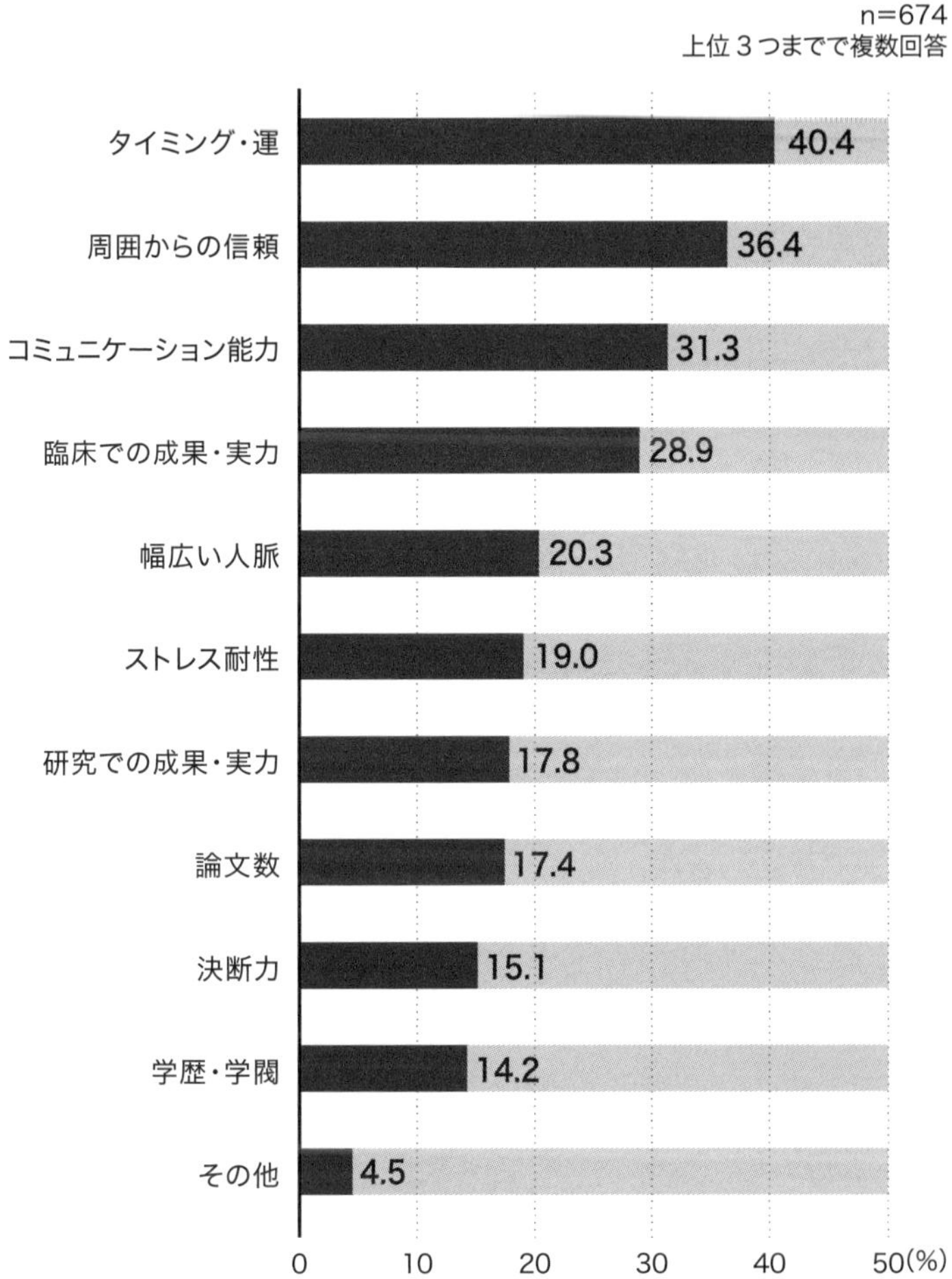

「出典：m3.com」

ほかのスタッフとの連携がうまくいって初めて、患者さんに質の高い治療を提供することができるのです。

病院で求められるコミュニケーション能力とは、単に「初対面の人と話ができる」「話が面白い」というだけではありません。

「自分の考えを正しく理解してもらうことができる」といった、自分から投げかける場合と、「相手の真意を推し量れる」「相手の感情に配慮することができる」といった相手の考えや気持ちを受け取るときの双方向で、適切な意思疎通ができることが大切です。

また、コミュニケーション能力には「考え方の異なる相手との接点を見つけられる」「信頼関係を築ける」などといった要素も含まれます。

こうした「コミュ力」が高いドクターは、患者さんに好かれ、スタッフから尊敬されて人望が集まります。

そして、より早く、より高い地位に就き、稼ぐことができるのです。

また「コミュ力」が高く、患者さんの信頼が厚いドクターは、どこの病院でも求められます。

一つの病院にこだわらなくても、高額の報酬のオファーが集まり、求められた場所で実力を発揮して「稼ぐ」ことができるのです。

❷新しいことにチャレンジできる

医局に頼らないから収入が上がる

「稼ぐ」ドクターが必ず持ち合わせている資質が「新しいことにチャレンジできる」ことです。

2004年に「新医師臨床研修制度」が導入される前は「医学部を卒業したら、大学の医局に入るのがあたりまえ」と誰もが考えていました。

大学病院や関連病院での管理職経験を積むまでは、転職や開業といった選択肢はほぼ考えられず、医局に属さない医師は「ドロップアウト」とみなされていたのです。

医局では教授が絶対的な権力を握り、逆らうことはできません。

医師たちは、過酷な労働環境や望まない人事異動などにひたすら耐えることで、将来、「講師→准教授→教授」といった出世コースに乗って「稼げる」と信じていたのです。

しかし、時代は変わりました。

もはや、大学教授は憧れの地位ではありません。

教授になれば、研究の幅が広がり収入も上がって「稼げて」いたのは過去の話です。

教授の影響力は年々小さくなり、また製薬会社の自粛などにより、大学教授になることのうまみであった、製薬会社からの接待や高額の報酬などは受け取ることができ

現在の大学医局への所属状況

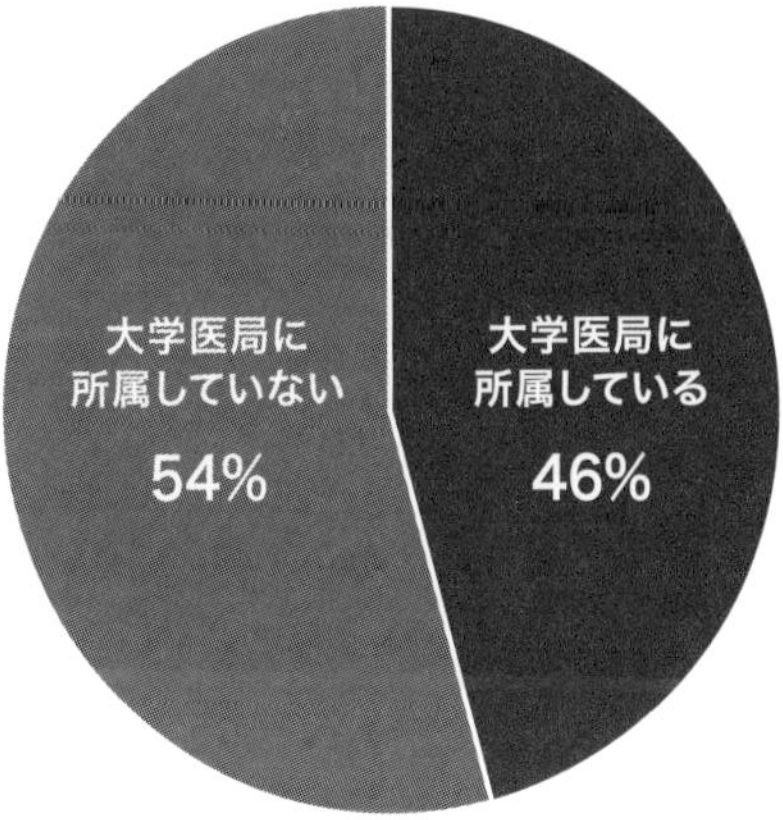

過去に大学医局に所属していたことがあるか

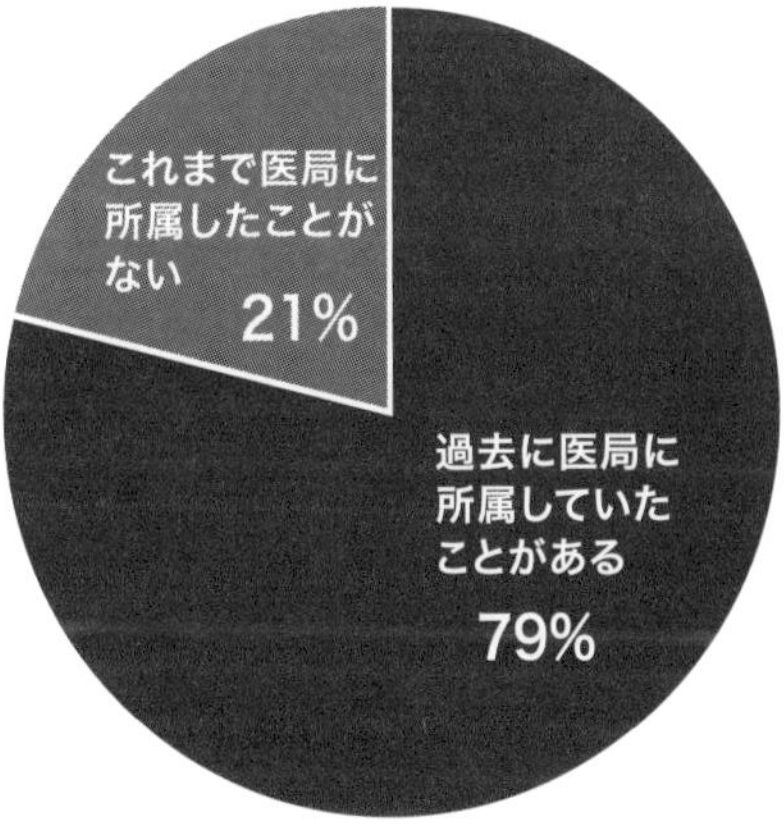

「出典:医師転職研究所」

なくなったからです。

特に、大都市圏では、医局離れが顕著にあらわれています。

この流れは当然、地方にも波及していくでしょう。


実際に医師1580名のアンケートによると、現在「大学医局に所属していない」ドクターは54％と、「大学医局に所属している」46％を上回っています。

ただし、現在、医局に所属していない医師のうち、79％は過去に所属していた経験があります。

もちろん、今でも医局には「専門医の資格を取得する」「多くの症例を経験できる」などの役割がありますから、目的に沿って入局するのは悪いことではありません。

ただ、「それが普通の流れだった」「まわりも入っていたから」「そんな時代だった」などという答えも少なくありません。

そして、なんとなく入った医局を去る決断ができないまま「いつかは医局を辞めようと考えているが時期は未定」という医師が31％、そして「いつまで大学医局でのキャリアを続けるかわからない」というドクターも31％もいるのです。

一般的には医局を辞めようとするとき、不安に思うのは主に再就職先のことのようです。

「再就職先があるか不明」「職場探しが難しいかも」「やりがいのある職場が見つかるかわからない」といった回答がズラリと並びます。

なかには「自分で勤務先の病院を探さなければならない」のが心配だという答えすらあります。

今はインターネットの発達のおかげで、大学の医局に頼らなくてもアルバイト先や就職先を探すためのエージェントは何百もあります。

転職エージェントに問い合わせする手間さえも惜しんでいたら、「稼ぐ」医師に近づくことは難しいでしょう。

人並み以上に「稼ぐ」ドクターたちは、医局を去るなどの「新しいことにチャレンジ」する姿勢を持っています。

実際に他のアンケートを見ると、退局することに対して、辞める前は「ドロップアウト」というイメージだったのが、医局を離れたあとは「医局にいるだけが医師ではない」「自らの力が試される」などのポジティブな気持ちに変わったという意見が多くみられました。

勤務医の年収は、民間病院がダントツなのは、厚生労働省の調査からも明らかです。

納得できる年収を手に入れるためには、前に向かって行動する勇気が必要なのです。

いつまで大学医局でのキャリアを続けるか

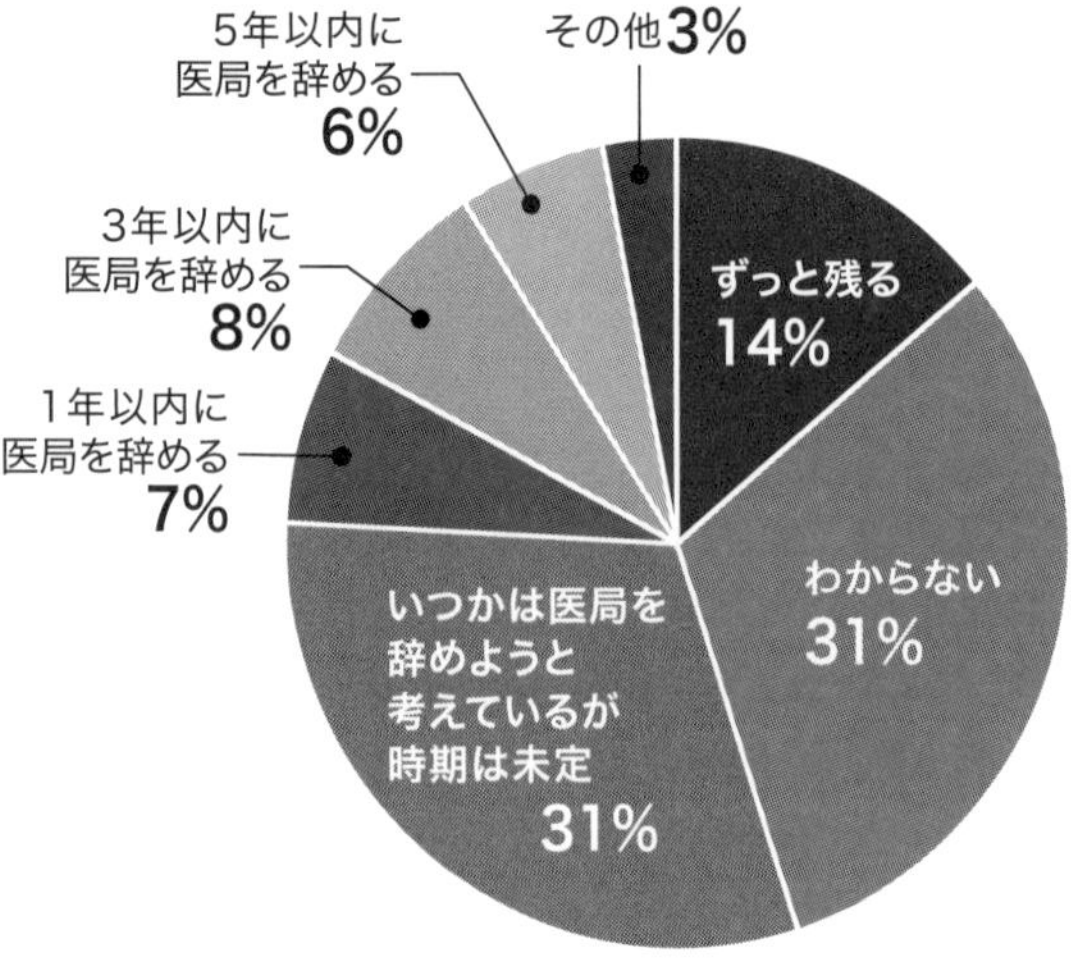

「出典:医師転職研究所」

フリーランス医師という選択肢だって考えられる

私は、ドクターに限らず「失敗を恐れて動かない人」は稼げないと考えます。

「医局を離れる」ことだけでなく「副業」や「投資」など、稼ぐためのほかの手段についても同様です。

動かなければ、当然、失敗することはありませんが、成功することもありません。

「失敗」とは「間違い」ではありません。

私は失敗とは、「動いた結果、得られる経験」のことだと考えます。

失敗を恐れて何もしない人は、経験を通して視野を広げたり、知識を得たりするチャンスを、自ら捨てていることになるのです。

「稼ぐ」ドクターになるためには「フリーランス」という選択肢も考えられます。

フリーランスの場合、特定の医局や医療機関に属さず、定期的な非常勤勤務やスポットバイトなどで生計をたてます。

また、臨床以外でも、製薬会社や保健所などに勤務する、産業医として働く、そして、メディアでコラムなどを書く、YouTubeで動画を配信して副収入を得るなどの形もあります。

フリーランスのメリットとしては、より「稼げる」可能性があることに加え、働く時間や休日を自分で調整できることがあります。

また、一つの組織に縛られずに働くことで、数多くの症例を経験できたり、さまざまな経験を積んだりできるということもあるでしょう。


非常勤勤務やスポットバイトで働くフリーランスの医師は、大きく2つのタイプにわかれます。

1つ目は、いわゆるフリーターのようなドクターです。

「寝当直」と呼ばれる、待機しているだけの病院の当直や予防接種・健診などを中心に働く医師たちです。

2つ目は、ほかの医師にはない専門的で高度なスキルを持つドクターです。

特に、手術の需要が増えている麻酔科医、訴訟を恐れて人数が減少している産科医などは、フリーランスのほうが「稼げる」可能性があるかもしれません。

では、フリーランスでいったいどのくらい稼げるのかみていきましょう。

まず、待機しているだけの当直の場合、1回3〜5万円が平均です。

予防接種や健康診断は、半日で3〜5万円、1日で5〜8万円が相場でしょう。

たとえば、こうした仕事で週に4日働いたとすると、単純計算で、5万円×(4×48週間)=960万円の年収を得ることができます。

次に、高度なスキルを持つドクターの場合、報酬はさらに高額になります。

当直であれば5〜15万円、半日の勤務で5〜8万円、1日であれば10万円以上、20万円、30万円ということもあるでしょう。

年収を算出するのはケースバイケースで難しいのですが、先ほどの例と同じく年間

192日働いたとして、10万円×192＝1920万円と考えることができます。

もちろんフリーランスの場合、日給換算をすれば常勤の勤務より「稼げる」ように見えるかもしれませんが、デメリットもあります。

たとえ、定期で非常勤勤務をしていても、病院が常勤医師を雇えば仕事を失ったり、思ったようにスケジュールが埋まらなかったりするなど、仕事の安定性に欠けること。

また、福利厚生などはなく、社会保険料も自己負担になりますので、自分の希望やライフスタイルに合わせて、選択する必要があるでしょう。

❸実力がある

「情熱大陸」に出るようなスペシャリストな先生の場合

私と長くお付き合いくださっているドクターには、

「情熱大陸」に出演するほどの手術のスペシャリスト
独自の理論を掲げ、治りにくい痛みの改善をする先生
「ゴッドハンド」と呼ばれるほぐしの名人

など、全国から患者さんが「あの先生にお願いしたい！」と集まってくるような、独自の技術などを持つ方がたくさんおられます。

こうしたドクターのクリニックには、数ヶ月、あるいは年単位での予約待ちにもかかわらず患者さんが集まっています。また、保険が適用できない治療だとしても、皆さん喜んで支払って治療を受けているのです。

ドクターたちは、ご自身のクリニックで診療を行うほかに、テレビなどのメディアに出演されたり、書籍を出版されたりして、一般的な勤務医よりもはるかに「稼いで」

います。

医師としての確固たる実力を持っている人たちは、確実に稼ぐことができるのです。

近年では、都市圏に医師が集まり、施設がドクターを選ぶ状況になりつつあります。「医師免許」があるだけで、条件のいい病院がいくらでも見つかった時代は終わっています。

「特別なスキルがなく、代わりがすぐ見つかる先生」は「確かな技術を持ち、いてもらわないと困る先生」より稼げないのは当然でしょう。

結局は「病院を稼がせる」から自分も儲かる

プロ野球チームに、飛び抜けて実力の高いピッチャーや「打撃の天才」と呼ばれるような選手がいたら、それだけで観客の動員数が増え、チームの人気は高まり、グッズなどの関連商品の売り上げも上がるでしょう。
また、それだけの実力の持ち主であれば、3億円を超える年俸で、あちこちのチームから引っ張りだこになるはずです。

私は「稼ぐ医師」とは、こんな人気プロ野球選手にたとえられると考えます。

あたりまえ過ぎるポイントかもしれませんが、「稼ぐ医師」とは、しっかりとした実力があるドクターなのです。

若いうちから経験を積んで、確かな実力を身につける。そして「あの選手がいるから」球場に集まる人が増え、球団が儲かって選手に高額の年俸を支払うことができる。同じように、特別なスキルを持ち、患者さんの症状を改善できるドクターの元には、「あの先生がいるから」と、多くの患者さんが集まります。

そして、医師のおかげで病院の経営が順調になるからこそ、勤務医は高い年収を払ってもらうことができるのです。

医療法では、病院や医療法人が「営利を目的とする場合」には、開業許可を与えないことができるとされています。

でもこれは、「病院は利益を追求してはいけない」ということではないのです。多くのドクターは、漠然と「医療は利益を追求してはいけない」と考えています。しかし実際には、役員などで不当に利益を分配することなどが禁じられているだけであり、病院が「儲ける」ことは決して悪いことではないのです。

医療機関といえども、利益がなければ設備に投資することができません。設備を整えられなければ、患者さんに質の高い医療を提供することは難しいでしょう。さらに、利益が少なければ、医師や医療スタッフに払う給与も抑えざるを得ないはずです。

適切な利益を病院にもたらすことは、すなわち自分も「稼げる」ようになるということなのです。

日本の税制は「高所得者」よりも「資産家」を優遇している

第4章

Japanese tax system treats the "Wealthy" favorably more than the "High Income".

「投資はアブナイ、銀行預金は安全」の間違い？

「〝資産運用〟してみたいけど、怖くて始められない」

漠然とこう考えて、お金を銀行口座に入れっぱなしのドクターは少なくありません。

確かに銀行に預けたお金の額面が減ることはないでしょう。

さらにもし、銀行が経営破綻したとしても、預金保険制度により元本1000万円とその利息は保護されます。

しかし、ほんとうに何が起きても、必ず預けたお金は戻ってくるのでしょうか。

近年では、ブラジルやアルゼンチンでハイパーインフレの際に「預金封鎖」が行われたことを記憶されている方もおられるでしょう。

預金封鎖とは、政府が銀行に預けてある預貯金口座を凍結して、引き出せなくすることです。

「えっ、日本でそんなこと起こるはずないでしょう？」

とあなたは思うでしょうか。

でも実は、日本でも第二次世界大戦で敗戦したとき、政府は財政破綻していたため預金封鎖を行い、借金の返済に充てました。

また日本では、長期的にデフレが続いていますが、いつ何が起こって物価が上昇局面に変わるかわかりません。

首都圏などの大都市が、地震や津波などの災害に襲われて壊滅的な被害を受けたとしたら、超インフレになる可能性だってあるのです。

インフレ傾向にシフトすれば、銀行預金の金額は減ることはなくても、実質的な価値は減ります。

１００万円で買えたものが、１５０万円になったり２００万円になったりして、同じ金額で暮らせる生活水準がガクッと下がります。

数千万円の預金を持っていたとしても、生活に困る事態になることも考えられるの

です。

日本銀行によると、日本人の金融資産の53％近くは現金、もしくは預金です。

忙しさを理由に、貯金しているだけのドクターもよく目にします。

でも、銀行の口座に預けておけば、ほんとうに一生安心できるのか。

私はこの点を、ドクターによく考えてみてほしいと思います。

日本の税制は「高所得者」よりも「資産家」を優遇している

日本では、収入が高い上位４％が、納税額のおよそ半分を負担しているという事実があります。

グラフを見ると、年収１０００万円超の層が49・９％もの所得税を支払っているのがわかるでしょう。

納税額の半分、4%が負担

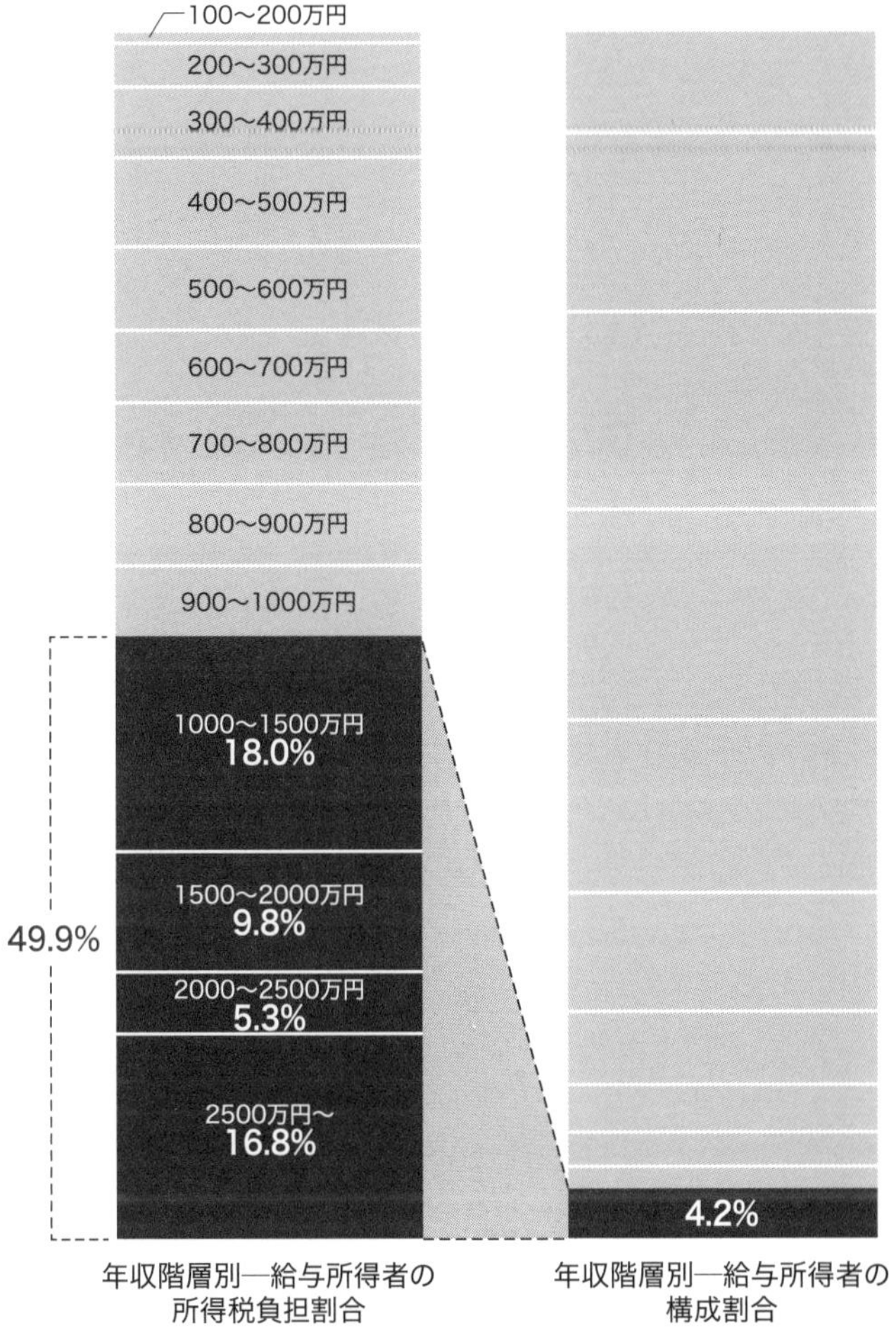

「出典:日本経済新聞」

日本では、企業の国際的な競争力を高めるために、法人税は下げざるを得ない状況にあります。

そのため、所得税から税収を確保する傾向が続き、高額所得者が税金を徴収するターゲットとして狙いうちされているのです。

そして、大半のドクターの収入は1000万円を超えていますから、医師のほとんどが日本の税収を支えていると言っても過言ではないのです。

日本では、給与所得が高くなればなるほど、累進課税で所得税は高くなります。収入が増えれば増えるほど、税金の負担が重くなるばかりです。

そのため、高収入なのに資産どころか貯金もロクに持っていない医師が少なくないのもうなずけます。

これまでは「節税」というと「自営業者や富裕層が対策をする」ことというイメージがありました。

しかし、私は稼いでいるドクターこそ、真剣に税金への意識を高めるべきだと考えます。

日本の税制は明らかに「高所得者」より「資産家」を優遇しているからです。

たとえば、勤労所得に対する税金は、住民税とあわせて15〜最高で55%にものぼります。

一方で、投資信託や株式などに対する税金は、分離課税となるので一律で利益の20%です。

控除などを考えずに単純計算すると、たとえば4000万円を稼いでいるドクターは、所得税と住民税で税率55%となり、2200万円の税金がかかることになります。

しかし、株式投資で得た利益に対しては、4000万円×20%＝800万円のみとなり、支払う税金は1400万円も違ってきます。

また、不動産投資を行う場合は税制が少し異なります。

不動産投資で得た利益は、不動産所得としてほかの給与所得と合算して課税される「総合所得」となります。

「えっ、そうしたら、所得がアップしてますます税金が高くなるんじゃないの?」

と思ったかもしれませんね。

でも不動産投資を行った場合、「家賃収入として得た金額から必要経費を差し引いた金額」が課税対象となります。

不動産投資でかかる経費の代表的なものには「固定資産税」「借入金利子」「減価償却費」などがあります。

なかでも減価償却費については、特にマンションは建物比率が高いので、物件によっては大きな金額となり、上手に活用することで節税につながります。

つまり賢く投資をすれば、収益を得ながら節税にもなるのです。

医師は投資をするには有利な職業である

ドクターは税金の面ではあまり恵まれているとは言えません。

でも、投資を考えたときは、非常に有利な職業だと言えます。

ドクターが投資すべき最も大きな理由は、なんといっても高い収入を得ていること。

投資の世界はシンプルです。

投資信託、株、FX、不動産など、どんな投資手法であっても、元金によって収益率が左右されることはありません。

たとえば、元金が1万円でも、100万円でも、1000万円でも収益率は、ほぼ変わることはないのです。

だからこそ「元金が多い」人が勝ちやすい。

単純計算で、1万円を5%で1年間運用しても、500円の利益にしかなりませんが、100万円あれば5万円の利益が出ます。

高収入で、投資に資金をまわしやすいドクターにとっては好都合だと言えるでしょう。

また資金が多ければ、さまざまな商品に投資することができるでしょう。

つまり、一つに縛られずに投資をすることで、分散ができてリスクが抑えられるのです。

次に、ドクターが投資をするのに有利なのは「若いうちに高収入を得られる給与体系」だということがあります。

多くの人は、収入が上がってくる40代や50代になる前に、住宅ローンを抱えたり子どもの学費を支払ったりして、若いうちはあまり余裕がありません。

でも、医師は30代の前半から1000万円を超える年収を手にできる確率が高い職業です。

つまり、早くからスタートすることができるため、投資期間が長期にわたり、トータルのパフォーマンスが飛躍的に向上するのです。

また「医者」としての信用度はトップランクであり、金融機関から融資を受けやすいのも投資をする際に有利だと言えるでしょう。

特に不動産投資は、ほとんどの場合、銀行で長期借り入れを組むことができます。借主としての「属性」が高いドクターだからこそ、融資を受けて投資をすることができるのです。

超低リスクで、必ずやっておくべき「iDeCo」「つみたてNISA」「ふるさと納税」

「投資をしてみたいけど、何から始めたらいいかわからない」

そんなドクターに、まず私がオススメしているのが、超低リスクの「iDeCo」「つみたてNISA」「ふるさと納税」の3つです。

それぞれどんな仕組みなのか、カンタンにご説明しましょう。

❶iDeCo

「iDeCo（個人型確定拠出年金）」とは、20歳以上60歳未満の日本国民であれば誰でも利用できる、私的年金のための制度です。

自分で掛け金を拠出し、運用方法を選んで運用。掛け金と運用益を給付として受け取ることができます。

掛け金、運用益、そして給付を受け取るときにも、税制上の優遇措置が講じられています。

掛け金は全額、所得控除になり、運用益は非課税（一般的には約20％課税される）で再投資することができ、一時金として受け取る場合は「退職所得控除」、年金として受け取るのであれば「公的年金等控除」の対象となるのです。

ただし、原則として60歳までは解約できません。

社会保障費が増大している日本では、国民が公的年金だけで老後を過ごすのは難しいと政府が判断。「自助努力によって年金を蓄えておくように」と、**税制優遇してまで整えた制度ですから、使わない手はありません。**

一般的な勤務医の所得税と住民税の税率を、30～40％だとすると、年間およそ8～

11万円ほど節税できるという試算もあります。

❷つみたてNISA

投資で得た利益が、一定期間、非課税になるのが「NISA（少額投資非課税制度）」および「つみたてNISA」です。

株式や投資信託の投資で得た利益に課せられるおよそ20％の税金が、一定金額まで非課税になります。

2014年にまず「一般NISA」が導入され、2018年に家計の安定的な資産形成の支援目的で「つみたてNISA」が導入されました。

「一般NISA」と「つみたてNISA」の最大の違いは、非課税となる合計の投資金額です。

「一般NISA」は、年間で120万円まで投資をすることができ、配当や売却益が非課税になる期間は5年までと定められています。

つまり、120万円×5年＝600万円が最大に活用できる金額となります。

一方で「つみたてNISA」は、年間の非課税枠は40万円ですが、利益が非課税となる期間は20年。

40万円×20年＝800万円と、非課税枠は最大で800万円になります。

また、「一般NISA」の投資対象は、上場株式と投資信託になりますが、「つみたてNISA」は、金融庁が定めたガイドラインをもとに選ばれた投資信託のみになります。

決まった金額の範囲で、自由に売買するなら「一般NISA」、少額を長期にわたり、定期的に積み立てていくなら「つみたてNISA」がふさわしいといえるでしょう。

また「つみたてNISA」なら、いったん手続きをしてしまえば、そのあとのメンテナンスに手間がかかることはありません。

忙しいドクターは、相場の上げ下げに気をとられずに、じっくりと積み立てていけばいいのです。

❸ふるさと納税

「ふるさと納税」は、実質2000円を負担し、日本全国にある自治体に寄付をすることで、寄付金が所得税・住民税の控除の対象になる制度です。

寄付金は所得に応じて上限があり、ふるさと納税のサイトなどで計算することができます。

「高級和牛やカニなどが返礼品としてもらえる」制度として有名ですが、ふるさと納税で日常生活で消費する米や肉、お酒などを買えば、節税できるだけでなく、お金と時間の節約にもなると私は考えます。

税金や生活費だけでなく、どうして時間の節約にもなるのか、少し考えてみましょう。

勤務医の平均的な税率を30〜40%として考えると、1万円の牛肉を買うためには、ドクターは1万4～7000円稼がなくてはならない計算になります。

ふるさと納税で牛肉を手に入れたら、もしかしたら1万4000円分のアルバイトの時間が浮くかもしれないのです。


常に時間に追われているドクターは、お金や投資について考えるヒマがありません。でも、1時間でも時間ができれば、節税や節約してできたお金をどう活かすか、考える余裕が生まれるでしょう。

短期的に儲けようとすると失敗することが多い

投資の世界で「リスク」とは「損する可能性」を指しません。

リスクとは「リターンの振れ幅」だと考えられています。

幅が大きいほど、利益を期待することができる一方で、大きく損をする可能性もあります。

このリスクをできるだけコントロールするために有効なのが、「分散」「積立」「長期」です。

「分散」とは、投資対象を株だけでなく金や不動産など、性質の異なるものに分けることによって、リスクを軽減し成長のチャンスをとらえる方法です。

「積立」は、金融商品を一定の金額でコツコツと買い続けることです。坦々と買い続けることによって、価格が下がったときに多く買うことができ、一度にまとめて購入するより平均購入単価が下がります。

また、運用期間が「長期」になればなるほど、複利の効果が期待できます。「複利」の場合、元金によって生まれた利子をそのまま元金に組み入れることにより、利子にも利子がついていくからです。

投資というと「ギャンブル的に短期で大儲けする」というイメージを持つ人がまだまだ少なくありません。

でも、私の経験からも「短期で稼ごう」とすると、よほどタイミングが合うなどがない限り、失敗することが非常に多いといえます。

実は私個人も、FX（外国為替証拠金取引）で、1000万円利益が出たときに「もっとつぎ込めば、もっと儲かる！」と欲を出して、次の瞬間に1000万円を失ってしまったことがあります。

もちろん、FXにもさまざまな売買手法があり、長期的に利益を重ねていくことができるやり方もあるでしょう。

実際に、株式投資やFXなどを始めたドクターを見ていても、銘柄などを「分散」し、ちょっとした相場の動向に左右されずに、「長期」にわたり「積立」ている人が着実に資産を形成していることがわかります。

投資はあくまでも、それぞれの目的を達成するための手段です。

お金を追い求めることが、最終的な目的ではないはずです。

なんのために資産を築くのかを、ほんの少しの時間をとって考えれば、大きなリスクをとって短期的に「儲けよう！」とはならないでしょう。

投資を始めるなら絶対、早いうちに

「現役時代はとにかく忙しいから、資産運用は引退してから」と考えるドクターが少なくありません。でもそれでは、投資を始めるのが遅すぎます。

また投資は「ある程度の年齢になり、余裕が出てきた人が〝娯楽感覚〟で行うもの」でもないのです。

投資は絶対、若いうちから始めたほうがいい。

そのことを数字を見ながら考えていきましょう。

たとえば、毎月5万円を積み立て、年率2％で運用したとします。

すると、10年後にはおよそ664万円になります。

20年後には、約1474万円になり、30年後にはおよそ2464万円になります。

もし、毎月5万円の積み立てを30年間続け、2％で運用した結果の2464万円を10年で達成しようとしたら、月々18万円以上、積み立てなければなりません。

また、同じように毎月5万円を積み立てて、20年で2000万円以上にしようと考えたら、約5％で運用しなければ追いつきません。

つまり投資する期間が短くなると、月々の負担が大きくなるだけでなく、それだけリスクが高い運用方法に頼らないと、目指す金額に達しないということなのです。

引退するころに投資を始め「あと5年で2000万円目標」としたら、毎月26万円を10％で運用しなければなりません。

もし30年の期間があれば、たとえ、その間にリーマン・ショック級の金融危機が訪れたとしても、資産が回復する余裕があるでしょう。

しかし、投資する期間が5年や10年の短期では、万が一のことが起きた場合、リカバリーできる可能性が低くなります。

将来のためには、できるだけ早めにスタートして時間を味方につけることで、リスクを抑えて長期投資の恩恵を存分に受けることができるのです。

リスクがわかれば、対応策が見えてくる

投資を行うことで得られる収益（リターン）には、必ずリスクが伴います。

大きなリターンを期待すれば、それなりにリスクが高まり損失の可能性も増えます。

一方で、リスクが小さいものほど、リターンも小さくなる傾向にあります。

どんな投資対象についても、リスクを知り、対策を考えてから投資をすることが大切です。

私の専門は不動産ですから、不動産投資のリスクについて例をあげてみましょう。

不動産投資の最大のリスクは「空室」です。

所有する物件に借り手がいなければ、家賃収入はゼロになります。

「空室」を防ぐためには、そもそも立地を選び、入居者に好まれる内装などに仕上げておくことが大切です。

また、万が一「空室」が発生したら、管理会社に手数料を払ってでも優先的に入居者を案内してもらう、または管理会社を変えるなどの対策を講じます。

また私たちは、もし半年「空室」になった場合や、1年間入居者がないケースもシミュレーションして対応を説明しています。

さらに、ローンの金利が上がった場合、周辺の相場家賃が下がった場合、オーナーさんの収入がなくなった場合などだけでなく、地震や台風などの天災が起きたときや、もし室内で入居者さんが自殺した場合など、ありとあらゆる想定をして過去の実例なども含め、どうしたらいいかを納得いくまで明らかにしています。

こうして、起こり得るリスクすべてに対し、対策を準備しておくことで、損失を最

小限に抑えることができるのです。

転勤になってマンションを貸して投資に目覚めた医師

ここで、ちょっとしたきっかけで住んでいたマンションを貸してから、不動産投資に目覚めたドクターの例をご紹介しましょう。

私の知るあるドクターは、35歳になったときに子どもが生まれることになり、自宅マンションを購入しました。

ところが、たった数ヶ月住んだだけで、医局の人事で地方に転勤することになってしまったのです。

このドクターを、仮に「ドクターA」としましょう。

「ドクターA」は、子どもがまだ学校にも通っておらず幼いことから、単身ではなく家族全員で引っ越すことにしました。

そして、購入したマンションは、仲のいい後輩の医師に家賃10万円で貸すことにしたのです。

転勤先の同僚に、マンションを貸していることを話した「ドクターA」は、その年に確定申告をしなければならないことを聞き、税理士に相談しました。

すると、家賃で儲かっていたとばかり思っていたのが、実は33万円の赤字になり、税金が戻ってくるということがわかったのです。

どうしてそうなるのか、カンタンにご説明しましょう。

家賃収入　10万円×12ヶ月＝120万円

年間家賃収入120万円－【建物の減価償却費(90万円)＋固定資産税(18万円)＋借入金利子(45万円)＋その他雑費(18万円)】＝▲51万円

「ドクターA」は、不動産で得た収入の確定申告をするときに、建物の減価償却費や借入金の利子、そして、ご自身で払っていた固定資産税や管理費が、家賃収入を得るための「経費」として計上できるということをそのときまで知りませんでした。

そして、年間で120万円の家賃収入から経費を差し引くと、計算上はマイナスになることがわかったのです。

この51万円の赤字は、勤務医としての収入と合算して申告をする仕組みのため、本業のドクターとして払っていた税金のうち、およそ30万円が還付されることになったのです。

「ドクターA」は、このときから「不動産投資っていいいな」と思い始め、まわりにいろいろ相談していたときに、紹介を受けて私たちの会社と知り合ったのです。

不動産投資が
忙しいお医者さんに
最適な理由

第5章

Why real estate investment is suitable for busy doctors.

そもそも不動産は不労所得、働かなくてもいい

株式投資、投資信託、外貨預金、ＦＸ、そして不動産投資など資産を形成する方法は世の中にたくさんあります。

しかし、激務に追われるドクターと、最も相性がいいのが不動産投資だと私は考えます。

いくら資産を形成するためだとはいえ、残業があたりまえの医師たちにとって、投資に多くの時間を割くのは不可能に近いはずです。

常に価格の変動に目を光らせていなければ売買のチャンスを逃してしまう、株式投資やＦＸ、ビットコインなどは継続するのが難しいでしょう。

その点、不動産投資は自分が身を粉にしてせっせと働かなければお金を得られない「勤労所得」ではなく、保有する物件が家賃というお金を生み出してくれる「不労所得」です。だからこそ、忙しいドクターにピッタリなのです。

さらに不動産は、そもそも物件が存在するため、一瞬にして価値がなくなることはありません。

株であれば、企業が倒産したらただの紙切れになりますし、外貨や通貨は各国の政治などの状況によって大きな変動リスクがあるでしょう。

また、不動産投資で得られる「家賃収入」はとても安定しています。

日本賃貸住宅管理協会の調べによると、2020年度上期の入居者の平均居住年数は単身者で2～4年が66・9％、一般ファミリーでは4～6年が61％と、半数以上が2年を超えて住み続けています。

首都圏と関西圏など、地域によって多少の違いはありますが、全体の傾向は変わりません。

そのため、いったん入居してくれたら、よほどのことがない限り、一人の入居者から2年間は継続して家賃が入ってくると考えることができます。

不動産を常に適切な状態に維持していれば、借り手が変わっても継続的に収入を得ることができるでしょう。

忙しいドクターが手間をかけずに資産を築くには、不動産投資を軸にして考えるべきなのです。

お金を借りて投資ができるのは不動産だけ

医師が不動産投資をすべき、もう一つの大きな理由は「ドクター」という属性を最大限に活かすことができる投資だからです。

「株式投資をしたいから融資してください」
「外貨預金のための資金を貸してください」
と銀行にいってもお金を借りることはできません。

それなのに、不動産投資だけは、物件そのものに価値があるため融資を受けて投資

をすることができます。

投資用不動産の場合、銀行は物件の収益性に加え、購入希望者の経済的、そして社会的背景を重視します。

ドクターは、あらゆる職業の中でもダントツに信用度が高いため、有利な条件で融資を受けることができるのです。

サラリーマンの場合、自宅を購入するときでも、ローンの金額は年収の5倍程度が限度だといわれています。

しかし医師は、住宅ローンで年収のおよそ8倍、投資用不動産の場合は12倍程度まで融資を受けることができます。

年収が1500万円なら1億8000万円。

2000万円なら2億4000万円を借りて、投資をすることができます。

「借金してまで、投資するべきなの?」

と考える方もいるかもしれません。

でも、お金を借りて投資をするのは「時間を買える」ということです。

たとえば5000万円の物件を「お金を貯めてから買おう！」としたら、果たして何年かかるでしょうか。

年間で500万円貯金するとしても、10年かかります。

1年で500万円貯めるとしたら、毎月40万円以上貯金しなければなりません。いくら高額所得者のドクターでも、これはなかなか難しいですよね。

現在、30歳であれば40歳になるまで待たなくても、また、40歳であれば50歳になるまで必死で節約して貯金しなくても、今すぐ投資を始めて収益を得られるのです。

近年は、歴史的にまれにみる、超低金利時代が続いています。

物件や頭金のあるなしなどの条件により異なりますが、不動産投資を行う場合、年利が1・8〜2・8％程度で融資を受けるのが一般的です。

私たちが主に提案する、都市圏の新築マンションであれば、3・5〜4・0％が平均です。

融資を受けて投資を始めたとしても十分、収益を得ることができるでしょう。

銀行ローンは入居者の家賃が返してくれる

「それでも借金をして投資をするのは、抵抗がある」というドクターは少なくありません。

また「大きなお金を借りて、返せるかどうか不安」という方もおられます。

でも、不動産投資は、自分が住む家を買って給与からローンを支払うのとは違います。

銀行のローンを支払ってくれるのは、入居者が払う家賃なのです。

不動産投資の大まかな仕組みを、物件を「ハコ」にたとえてカンタンに説明しましょう。

ここでは、よりわかりやすくするために、税金や金利の上昇リスクなどは考えないことにします。

1000万円のハコを、銀行で30年のローンを組んで購入したとします。

ローンの返済額は、毎月およそ3万4000円。

家賃を4万円に設定したら、そのハコを気に入って住んでくれる入居者が払ってくれるお金でローンの返済をします。

6000円の利益は、入居者が変わったときやある程度時間が経過したときなどに必要な、ハコのメンテナンスのために置いておくのがいいでしょう。

ある程度、年月が経てば、ローンの残債が減ってきます。

そのときに、残債以上の金額で売れば、それまでに手にした家賃以外に、売却益を得ることができます。

また、年金がわりにずっと保有していてもいいでしょう。

ローンを返済し終わったら、ハコの維持にかかるお金は、マンションの場合、修繕費用、固定資産税、管理費などになります。

つまり、ハコに住んでくれる人が払う家賃は、ほとんどあなたのものになるのです。
もちろん、頭金を入れたり、ローンの期間を短くできれば、もっと早く「不労所得」が手に入るでしょう。

ほかの人のお金を使い、利益を生み出すハコを買うことができる。

それが不動産投資なのです。

ただでさえ高額な生命保険を減らすことができる

私が知る、ほとんどのドクターは高額の生命保険に入っています。
掛け捨ての低額なものでさえ月々5〜6万円、積み立て型や運用型と呼ばれるものであれば、20万円以上払っている医師もいます。

実は、不動産投資を行うと、こうした生命保険の掛け金を減らすことができます。

いったいなぜ、高額の生命保険の負担が軽くなるのか、仕組みをご説明しましょう。

投資用住宅ローンの融資を受けるときには、ほとんど団体信用生命保険が付帯されています。

通称「団信」と呼ばれるこの保険は、ローンを返済中に借主に万が一のことがあった場合、生命保険会社から金融機関に借入残高相当の保険金が支払われるものです。「団信」はそもそも、金融機関の貸し倒れに備えた保険ですが、契約者にとっても大きなメリットがあります。

「団信」に加入していれば、遺族はローンを返済する必要がなくなる上に、賃料収入が得られる物件を、そのまま受け継ぐことができるのです。

残された家族は、物件を賃貸に出し定期的な家賃収入を得ることができますし、残債がなくなるので売却してまとまった金額を手にすることもできます。

一般的に「団信」の保険料はローンの金利に含まれています。ローンの返済額に加えて保険料を支払う必要はありません。

ただし「団信」が付帯することで、金利がわずかに上乗せされますが、毎月数万円、数十万円の保険料と比べたら、わずかだといえるでしょう。

そもそも生命保険は、医師のように稼ぐ「一家の大黒柱」が亡くなり、収入が途絶えてしまう家族の生活を支えるためのものです。

不動産物件を購入して「団信」に加入することで、その不動産の価格に等しい生命保険に加入するのと同じ効果があるとわかれば、ムダな保険の掛け金を支払い続ける必要がなくなります。

しかも「団信」の保険料を払ってくれるのは、入居者が払う家賃だとも言えるのです。

分散投資としての不動産はマスト

私は基本的に「長期」で投資をすることをドクターに提案しています。

短期的にリターンを狙うよりも、長期のほうがリスクがコントロールしやすく、トータルで見たパフォーマンスを高めることができるからです。

その点で不動産は、売却などは別として、ある日突然、莫大な利益が生まれることはありませんが、確実に長い間、リターンを手にすることができる長期的な投資です。

また、すでにほかの方法で投資をスタートしている方にとっても、不動産は「分散」投資をするために有効な投資先だといえます。

どんな投資対象でも、必ずリスクとリターンがあります。

投資におけるリスクとは「結果の不確実性」だとお話ししました。

たとえば、銀行預金にお金を預けたら、目減りすることはなく、銀行が破綻しても

1000万円までは保護されます。

その代わり、リターンとして得られる金利は、現在のところ普通預金で0・001%とわずかです。

つまり、リスクという結果の不確実性が低い代わりにリターンも少ないわけです。

株式や外国為替などの銀行預金以外の投資は、比較的値動きが激しく、リスクがある代わりにリターンも少なからず得られる可能性があります。

こうした投資対象が持つリスクを、資金を分散して複数の投資を行うことによって回避するのが「分散」投資です。

不動産投資が持つリスクは、株式などとは異なります。

たとえば、株式には「価格変動」リスクがありますが、不動産は価格の変動がとても緩やかです。

外国為替などには「為替変動」リスクがありますが、不動産は為替の変動に影響されることはあまりありません。

また不動産には入居者が見つからない「空室」リスクがあります。

しかし、不動産投資の最大のリスクと言われる空室のリスクは、相場に見合った価格で提案し、魅力ある物件に維持することで限りなく低くなります。

私たちが手がけてきた物件の入居率は全体で97％。

つまり、株式や外国為替の価格が乱高下している際にも、分散する選択肢の一つとして、不動産は優位性が高いのです。

不動産ほど相続に有利なものはない

不動産投資が「稼ぐドクター」になるために有利な点はまだあります。

それは、資産を子どもに残すとき、相続人が払う税金を格段に低く抑えることができるからです。

私たちのお客さまも最近は、ご両親からの資産相続の相談が増えています。

２０２１年現在、日本の相続税は、法定相続人の受け取る遺産の金額が上がれば上がるほど税率が高くなる、超過累進課税が採用されており、法定相続分に応ずる取得金額が、

１０００万円以下――10％
３０００万円以下――15％
５０００万円以下――20％
１億円以下――30％
２億円以下――40％
３億円以下――45％
６億円以下――50％
６億円超――55％

となっています。

それまでに何十年も所得税を支払いながらつくった資産に対し、相続時にもさらに高い税率をかけてくるのが、日本の税制です。

相続財産として、現金や預貯金、株式などは時価でそのまま評価されますから、5000万円の預金や株式を相続したら、子どもは20%の税金、つまり1000万円を払わなければなりません。

ところが不動産は、土地も建物も実際の取引価格より低い額で評価されます。

まず、土地は時価ではなく、およそ2割ほど低い「相続税路線価」をもとに評価されます。

さらに建物は「固定資産税評価額」によって、時価のおよそ7割で評価されますから、トータルでおよそ4割近くの節税になるのです。

その上で「貸家建付地」として、所有している土地に建てた建物を第三者に貸している場合、借地権割合（60%程度）や借家権割合（30%）をかけた分だけ評価額が下がります。

つまり、そもそも5000万円の土地を相続路線評価すると4000万円になり、

相続税の課税対象となる土地の時価評価のイメージ図

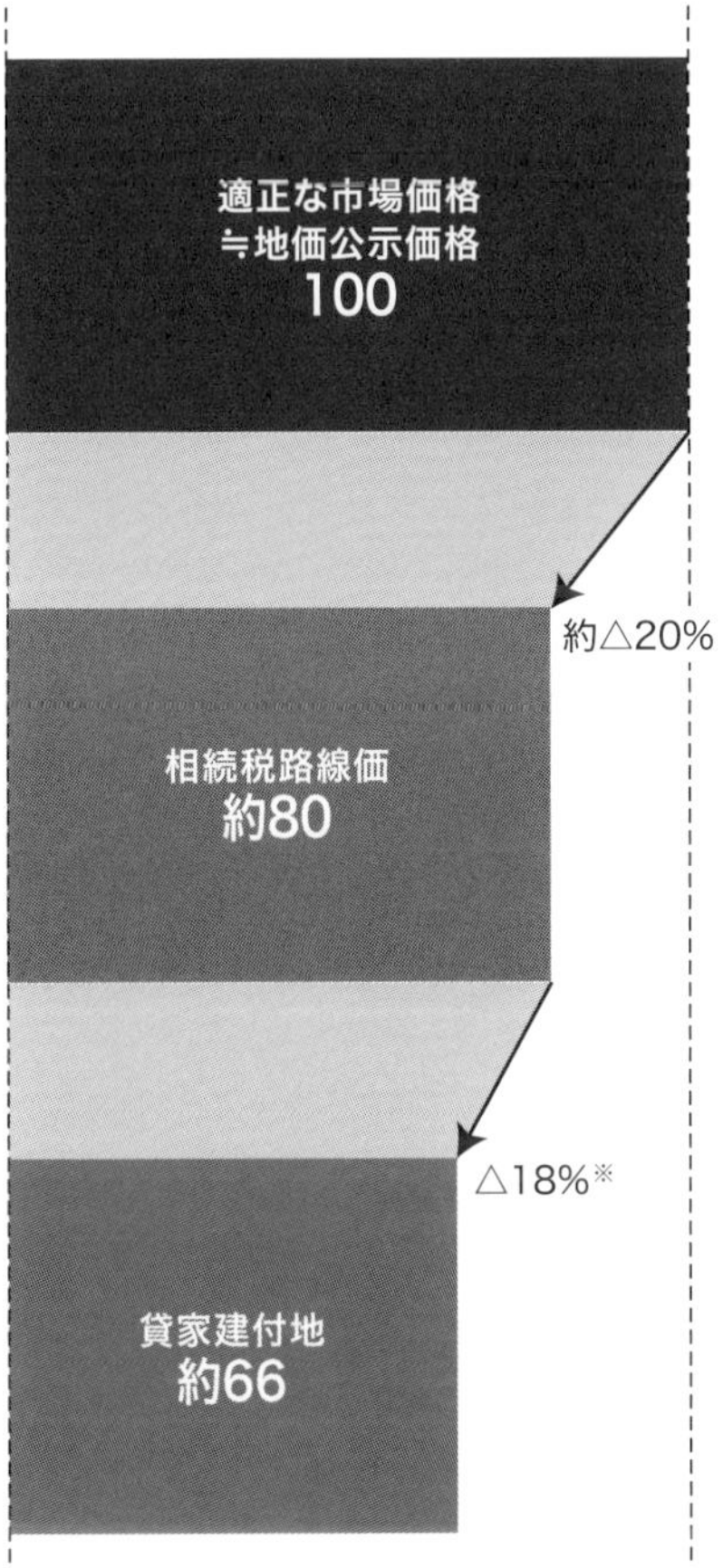

※ 貸家建付地の評価減割合18% ＝ 借地権割合60% × 借家権割合30% × 賃貸割合100%
借地権割合60%の地域を想定していますが、地域により借地権割合は異なります。
満室稼働（空室無し）の状態を想定していますが、空室がある場合は賃貸割合はその分下がります。

「出典：相続会議」

その土地に賃貸物件を建てることで、

4000万円×（1－借地権割合60％×借家権割合30％）＝3280万円

となるのです。

またもし、持っている物件の収益性が高く、不動産所有者の現預金が増えてしまう場合は、生前贈与の非課税枠である110万円を、毎年、子どもに贈与することもできます。

このように正しい知識を持つだけで、不動産を活用して、稼いだお金の価値を増やすことができるのです。

不動産投資のリスクは準備できるものがほとんど

私は、不動産投資は、ローリスク・ミドルリターンの安定した投資先だと考えています。

もちろん、不動産投資にもさまざまなリスクがあります。

でも、不動産投資のリスクのほとんどは予測可能で事前に準備できるものばかりだからです。

たとえば、最大のリスクと言われる「空室」も、購入する前に需要が見込める立地や建物を選ぶことで、ある程度は防ぐことができるでしょう。

また不動産の場合、「去年まで満室だったのに、今年になって、急にガラ空きになった」ということはほとんど起こりません。

少しずつ入居が決まりにくくなったら、退去するまでの2年間で次の借り手が見つかる工夫ができるはずです。

また、不動産の建物の価値は、株などのように「気づいたら、暴落していた」ということもありません。

経年劣化はどんな建物でも起こりますから、最初から、家賃の下落を予測して将来的な収支まで見通せばいいのです。

設備の交換時期についても、だいたいの目安はわかっています。

給湯器、トイレなどは約10年、洗面所、バスルーム、キッチンなども15年で交換すると考えて、その分の予算を準備しておけばいいのです。

地震や台風、火災などの災害リスクについても、同様です。

損害保険に加入しておけば、いつ起こるかわからない事態に対しても備えておくことができるでしょう。

もちろん、ドクター自身にそこまで考えて投資するべきと言っているわけではありません。

あらゆる事態に対して経験が豊富な事業者を選べば、長期的な見通しを備えた投資が可能になるのが不動産なのです。

家賃収入で子どもを大学まで行かせることができた

ここで実際に不動産投資を行っていたことで、ドクターが亡くなったあとも、お子さんを無事に大学まで通わせることができた例をご紹介しましょう。

このドクターは40代後半になったとき、将来に対する不安から新築マンションを1部屋、私たちから購入してくださいました。

その後、実際の節税効果や将来の安心感を得たドクターは、4〜5年のうちに、6部屋を購入します。

1部屋の平均家賃は6万円ほどで、毎月の家賃収入は35万円程度ありました。

順調に資産を形成しつつあったこのドクターは、あるとき急激な胸部の痛みと息苦しさを感じ検査を受けます。

すると、かなり進行した肺がんが発見されました。

それまで咳が続いていたのに、忙しさを理由にほうっておいてしまったのです。

病気が発見されたとき、たった一人の息子さんはまだ中学に入ったばかり。

この先、大学を卒業するまでの10年、生き延びられるかどうかわからないという診断を受けたドクターは、私のところに電話をしてきてくださり、たった一言、

「あと、頼むで」

と言ったのです。

そして、しっかりとした資産であるマンションの管理を行い、報告を続けている間に、このドクターは53歳で亡くなられました。

しかし、毎月の家賃収入のおかげで、息子さんは無事、大学を卒業することができたのです。

日頃、ご自身の健康も顧みず、患者さんのために激務をこなす医師は、一般的な会社員の方よりも、このドクターのように若いうちに亡くなるケースがあります。

「自分だけは大丈夫」と思っても、万が一のために事前に備えておけば、将来に不安を抱くことなく過ごせるでしょう。

「単身者用マンション」は決して投機商品ではない

バブル時代には「転売すれば、2倍になる」ことをうたい文句に「単身者用マンション投資」の勧誘が盛んでした。

そのため「単身者用マンション」と聞いただけで、投機的なあやしい投資話だと思う方も少なくありません。

しかし、それは一部の限られた会社の話です。

不動産投資とはそもそも、短期で儲かる投資商品ではなく、コツコツと利益を積み

20〜50代における単身世帯の割合

[全国]

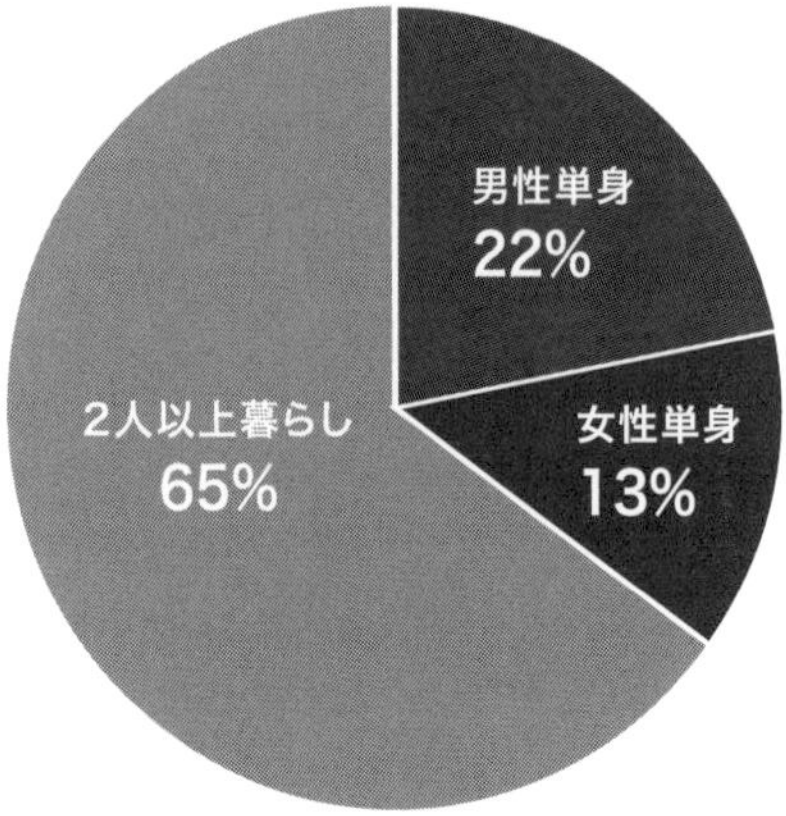

[東京]

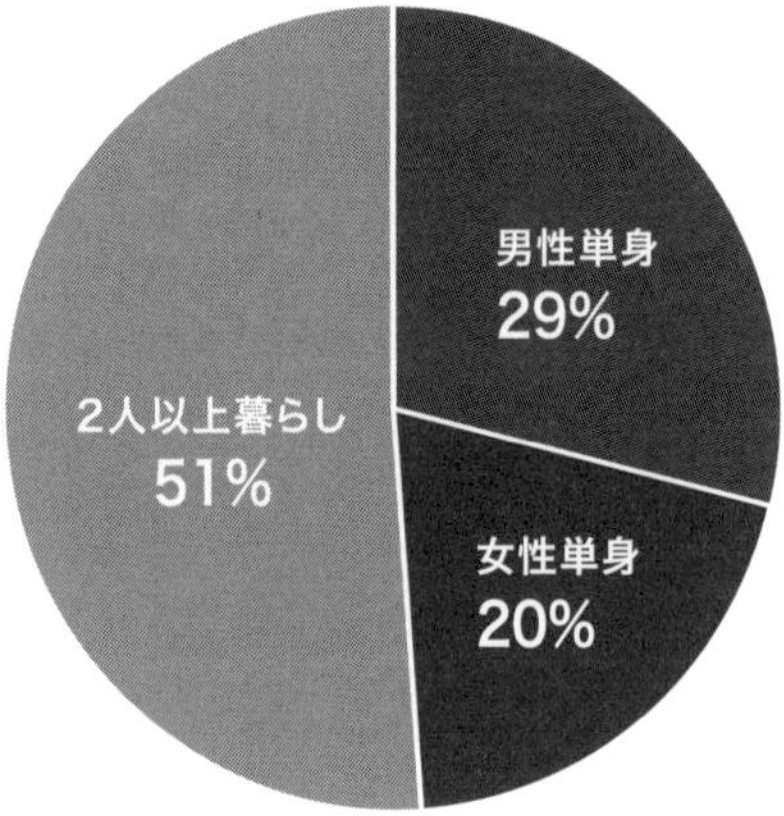

「出典:2015国勢調査」

重ねていくものです。

また、何よりも首都圏では単身世帯の増加が勢いを増し、一人暮らし用の住居ニーズの高まりとともに、投資対象として注目されているのです。

実は、すでに2005年には、以前に「標準」と考えられていた、夫婦と子どものいる世帯数を単身者が上回り、「2040年には、全世帯の39・3%、およそ4割が単身世帯になる」というニュースも話題となりました。

東京に限って言えば、高齢世帯を除く、およそ半分の49%が20～50代の単身者となっています。

そのため、私たちは、東京であれば山手線

東京都の家族類型別世帯割合の推移

(単位 %)

年次	単独	夫婦のみ	夫婦と子供	ひとり親と子供	その他一般
2000年	40.9	16.9	27.9	7.3	7.0
2005年	42.5	17.4	25.9	7.7	6.5
2010年	45.8	17.1	23.9	7.5	5.7
2015年	47.3	17.0	23.5	7.6	4.6
2020年	48.3	16.8	22.9	7.6	4.4
2025年	49.0	16.9	22.4	7.6	4.1
2030年	49.6	17.1	21.8	7.6	3.9
2035年	50.4	17.2	21.3	7.6	3.5
2040年	51.2	17.5	20.7	7.4	3.2

「出典:東京都世帯数の予測」

の圏内、大阪でも環状線内を中心に単身者用の物件を開発しています。

最近の「単身者用マンション」は、広さをある程度確保した上にクオリティも高くなり、狭くて「寝に帰るだけ」のショボい部屋は淘汰される傾向にあります。

私たちの会社では、ワンルームというより22〜35平米程度の１Ｋ・１ＬＤＫを中心に、ゆとりある広さの住宅を提供しています。

また、マンションタイプの集合住宅は、日本で取り入れられてからすでに50年以上経っており、年月が経つとどこがどう劣化するかがわかっています。

そのため、効率よく長持ちする建物が作られるようになっており、以前に比べ、格段にグレードが高くなっているのです。

さらに私たちは、材質やデザイン性など、同業他社との違いを明確にした高い仕様にこだわる自社ブランドの展開を行っています。

たとえば「自宅のお風呂でゆっくりリラックスしていただきたい」という考えから、一般的な単身者用よりも広めで高級な材質を採用したバスルーム。

また外観やエントランスデザインがおしゃれなのはあたりまえ、その上でまわりの住民からも注目されて愛されるよう、「レオングラン新大阪レジデンス」では、入り口に３・６メートルの実物大のキリンを設置し、「レオンコンフォート本町東Ⅲ」では、カバ、ペリカン、フラミンゴの像がある箱庭をつくっています。

細かい点にも工夫し気を抜かずにいることで、いかにも「賃貸物件」のチープな物件とは差別化することができ「ここに住みたい」という単身者を集めているのです。

また私たちは、２０２１年に入居者向けのアプリ「chameLEON（カメレオン）」をリリースしました。

契約内容やガス、水道、電気などのライフラインの手続き情報をカンタンに確認することができるほか、地域の防災情報なども掲載し、入居者の暮らしを快適にサポートします。

さらに現在、２０２１年度中のリリースを目指し、不動産オーナー向けのアプリ「COVER（カバー）」も開発中です。

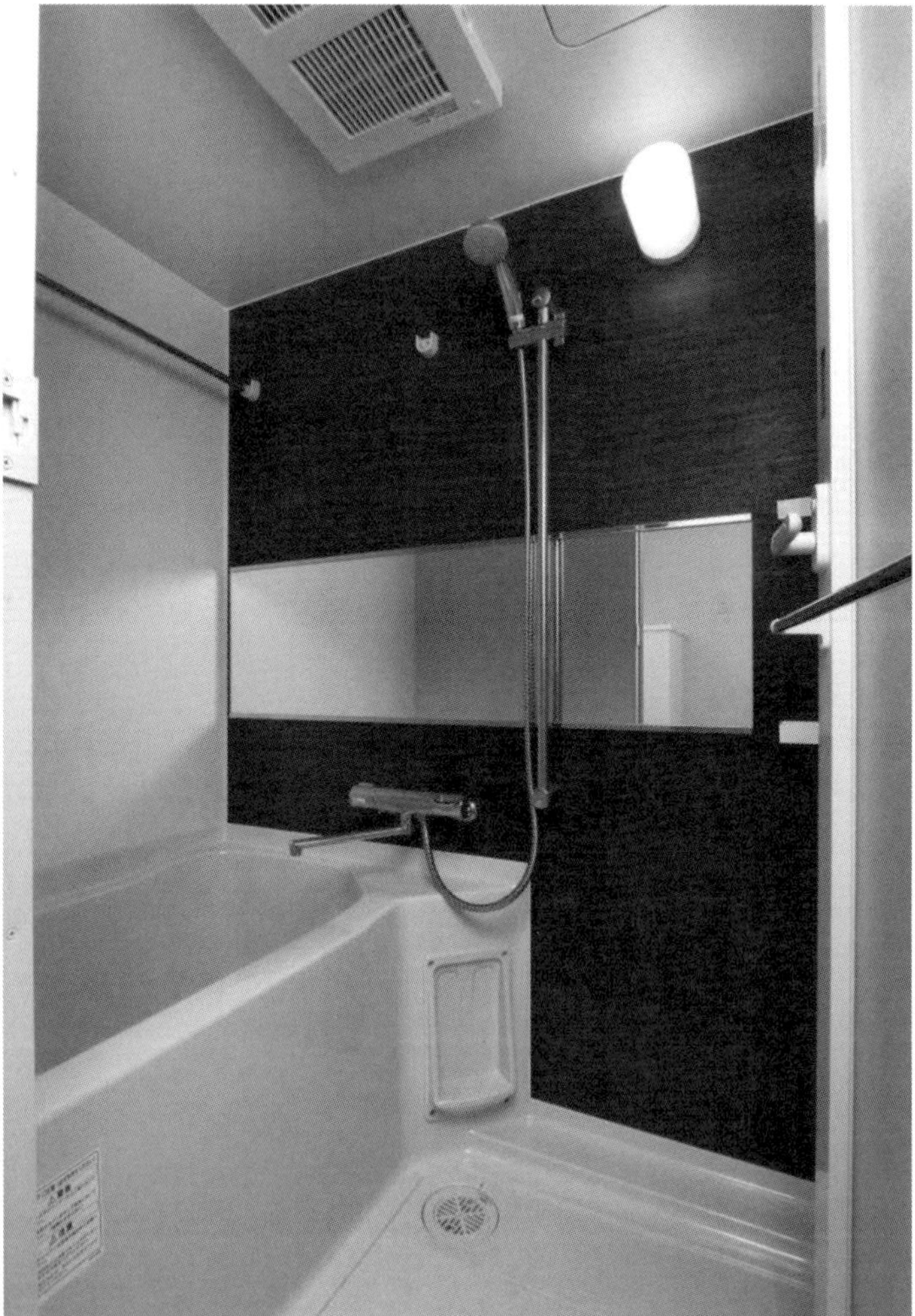

ゆとりと高級感があるバスルーム

3.6メートルの実物大のキリンがお出迎え

購入・管理委託をした所有物件の情報や、書類などの情報にもアクセスでき、資産の管理や運用がスマホ一つで行えるため、忙しいドクターにも便利に活用してもらえるはずです。

忙しいお医者さんには、新築の単身者用がオススメ

不動産投資にはさまざまな手法があります。

まず、大まかに区分投資というマンションの1室を買う方法と、マンションやアパートの丸ごと1棟のオーナーになる

見るたびになごむ、動物たちの箱庭

やり方があります。

ほかにも、一戸建て住宅を手に入れて貸し出す大家さんもいます。

さらにいえば、新築の区分か中古の区分か、新築マンションやアパートを選ぶか、中古にするか、新築の戸建てか中古かというわけ方もできるでしょう。

都心や首都圏を中心に物件を購入するオーナーもいれば、地方を専門にしている方もいます。

どれにもそれぞれ特長があり、どのやり方でも成功している人はいます。

また、複数の手法を組み合わせて運用している人もいるでしょう。

そんな中、私が忙しいドクターにオススメするのは新築の単身者用住宅を区分で手に入れる方法です。

なぜなら、新築の単身者用マンション投資は、何よりも少額の資金で始めやすいうえに、目に見えない瑕疵などがほとんどなく安心だからです。

たとえば、私たちが開発した東京の物件の例では、山手線の目黒と五反田の間にある池田山の、20平米台の単身者用住宅は3300～3600万円ほどです。

大阪の南堀江の単身者用住宅は、22～23平米ほどの部屋を2100万円台を中心に販売します。

また、新築の物件であれば中古とは異なり、主要構造部分にもし何か欠陥が見つかっても最大で10年間は住宅を供給した事業者が「瑕疵担保責任」を負うことと定められています。

中古の物件には、なかには高利回りのものがあるため「中古はどうなの？」と聞かれることもあります。

不動産投資の経験が豊富で物件の良し悪しを見極める目があり、一つの物件を手に入れるまでに20軒、30軒と比較する時間がある人であれば、中古住宅という選択肢もあるでしょう。

でも忙しいドクターにはそんなヒマはないはずです。

また、新築をオススメするもう一つの理由として、新築が一番長く、融資の返済期間を設定することができることがあげられます。

金融機関は、ほとんどの場合、建物の種類によって異なる法定耐用年数から、実際の経過した年数を引いた残りの年数で融資期間を決めます。

木造住宅は22年、重量鉄骨は34年、鉄筋コンクリートは47年と定められていますが、融資期間は法定耐用年数よりも短くなることが一般的です。

たとえば5000万円を10年で返済しなければならないとすると、利息を考えずに単純に計算しても、年間500万円を支払わなければなりません。

年間500万円は月々にするとおよそ42万円です。

ところが、返済期間が30年になれば、年間166万円、月々およそ14万円になり、負担が格段に軽くなるうえに、キャッシュフローが出やすくなるので、安心して取り組めるでしょう。

また、長期の借り入れができるのであれば、それだけ長期の「団信」にも入れます。

一般的な生命保険では、年齢が上がると加入しづらくなったり、掛け金が高額になったりします。

50歳で加入する場合は、30歳のときの掛け金の数倍になることもあるといいます。

実は「団信」は、完済までの最高年齢は84歳。

掛け金が年齢とともに高くなることもなく、安心して保険に入り続けられるのです。

「ドクターB」は、こうして資産を積み上げた

ここで、私たちとお付き合いがある「ドクターB」がどうやって着実に資産を構築しているか、モデルケースとしてお話ししましょう。

「ドクターB」は、整形外科医。

年収およそ1800万円で、結婚して子どもが2人います。

30歳を過ぎたころ、子どもの将来とともに、自分の未来も考えて「お金」について相談した先輩のドクターに紹介されて、私たちの話を聞きにきてくださいました。

「ドクターB」は、近年、医師としての働き方が変わってきていることを感じていたといいます。

そして、将来的にドクターとして働き続けないかもしれない可能性を視野に入れて、投資を考え始めていたのです。

「ドクターB」は、まず、1900万円の新築マンションを1部屋、購入します。

そして、次に私たちと相談しながら、月々のローンの返済を一定額に抑えられる範囲で、少しずつ買い足していきました。

「ドクターB」は、現在38歳。

平均価格が2100万円前後の物件を中心に資産を増やし、現在は5部屋所有しています。

私たちは「ドクターB」が、投資物件を買い進めるなかで、ある提案をします。

それは、家賃収入を「お小遣い」として散財してしまうのではなく、集中的に繰り上げ返済に回すこと。

そうすることで、毎月のローン返済額を減額したり、返済期間を短縮して利息額を減らしたりすることができるだけでなく、資産拡大のスピードを速めることができるからです。

家賃収入は、1部屋の平均が7万円で、毎月およそ35万円。

そこからローンの返済額、およそ31万円を引いた残りの4万円を、一つの物件を決めて、繰り上げ返済に回します。

そうすることで自己資金を圧迫することなく、借入金を減らすことができるのです。

そして、想定よりも早く1軒目の物件のローンを完済したら、この部屋から得られる収益をすべて、次のローンの繰り上げ返済に回し、どんどん資産を拡大していくのです。

2軒分の家賃で、次の物件のローンを倍速で完済したら、次は3軒分で3倍のスピードで返済します。

その間にも、不動産投資の節税効果は「ドクターB」の場合であれば、年間70～100万円はあるでしょう。

そうして、まだ30代、40代のうちに、ローン返済の必要のない物件を増やしていけば、何が起きるかわからない未来に「お金」の不安を抱えることはなくなるはずです。

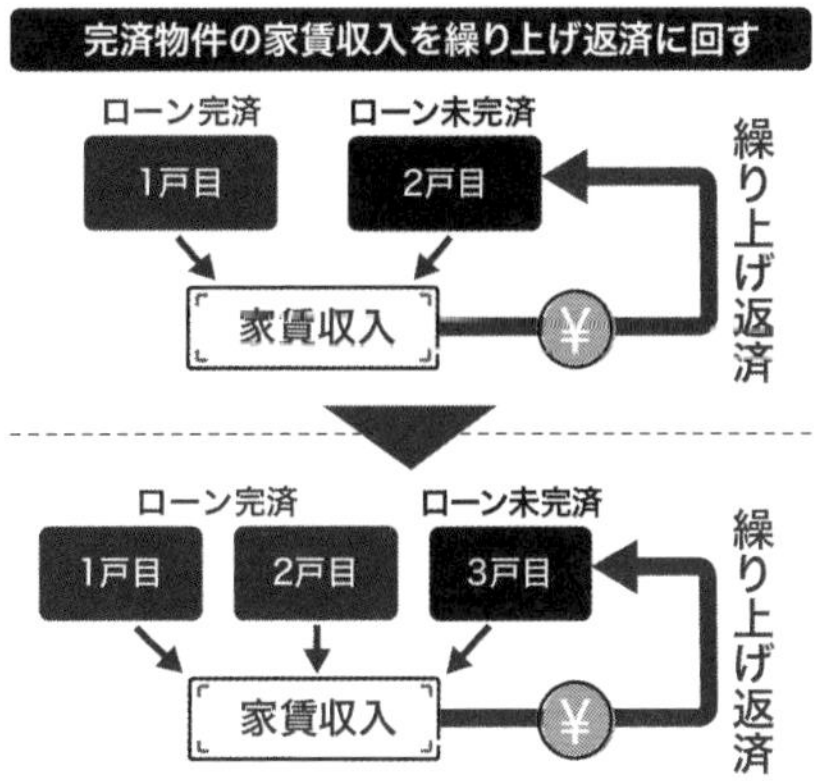

返済スピードが2倍、3倍と速まり、資産も拡大！

医師の懐を
狙う
怪しい人たち

第6章

Doubtful people
who targets a doctor's money.

医師が狙われやすい3大理由とは？

この本の最後に、お金の勉強をする時間がない多忙な医師が、悪質な投資話を持ちかけてくる営業マンや業者にだまされないために、気をつけるべき点をご紹介していきます。

まず、ドクターがターゲットにされやすい理由を3つあげましょう。

❶高額の年収を得ている

悪徳な儲け話でダマそうとする人たちに医師が狙われる、最大の理由は年収が高いことにあります。

上場企業のサラリーマンなどと同様、投資につぎ込む資金が豊富だと考えられるからでしょう。

またドクター自身も、年収が高く高額の税金を払っていることは、薄々感じていま
す。
そのため「節税」というキーワードに興味を持ちやすい傾向があります。

❷社会経験、一般常識が乏しい

ドクターは、医療という分野を徹底的に極めてきた専門職です。

どちらかというと「ビジネスパーソン」というより「職人さん」に近いため、本業以外には疎い人が多い。

世間の荒波にもまれた経験が少ないせいか、純粋で人を信じやすく、だまされやすいのです。

❸「先生」と若いうちから崇められている

ドクターに限らず、弁護士、政治家、教師など「先生」と呼ばれ続けていると、知らず知らずのうちにプライドが高くなる人が多い。

そのため、

「先生とご縁があったからこそ、こちらの利益はギリギリまでカットしてご提案させていただきます」

などといったプライドをくすぐる態度に出られると、コロリとだまされてしまうのです。

さらに「ソンする投資商品だった」と気づいても、プライドがじゃまをして誰にも相談せずに塩漬けにしている医師も少なくないのです。

不動産会社は毎年6000軒開業し、5000軒廃業する

次に「あやしい」というイメージを持つ方もいるかもしれない、不動産業者についてお話ししましょう。

よく「歯科医院の数はコンビニより多い」と言われていますが、実はそれよりも多いのが不動産業者です。

日本全国のコンビニの数はおよそ5万5000軒、歯科医院はおよそ6万9000軒、不動産業者は、なんと歯科医院の2倍近い12万軒以上も存在します。

すべての業種で年間、13万近くの会社が新設されていると言われていますが、そのうちのおよそ6000軒が、なんと不動産なのです。

ところが、毎年のように6000軒近く開業しているにもかかわらず、不動産業者は年間およそ5000軒が廃業しているというデータがあります。

つまり、不動産業界はとても出入りが激しいといえるのです。

不動産売買の仲介業は、営業マンとして活躍していた人が独立して起こす場合が多い業種です。

会社の看板があったからこそ、お客さんに信頼してもらい売り上げをつくれていたのに、自分の実力だとカンチガイして独立した人。

または、営業は得意でも、細かい経費の計算などは苦手で、売り上げを広告や人員などに投資せずに使い切ってしまう人などが後を絶たず、失敗してしまう例を私はたくさん見てきました。


せっかく不動産投資をスタートしたとしても、間に入った業者がしっかりしていなければ、儲けが出ているのにソンをすることにもなりかねません。


そもそも、営業状態がよくない会社だと、お客さんの将来や現在の状況などを考えず、自分たちの利益のための物件を押し付けられる可能性があります。

運よく、確実に利益を手にすることができる物件を手に入れられたとしても、購入後、入居者の募集や賃料の回収、物件の管理などを委託した管理会社が経営不振に陥ると、トラブルの原因になります。

実際に、業者が「入居がついていない」と偽って家賃を使い込んで倒産した例も耳にします。

投資を始めようとするときは、企業としての姿勢や経営状態をしっかりと確認したほうがいいでしょう。

良心的な不動産会社と怪しい業者の見分け方

では実際に、どんな点に注意して、良心的な業者と怪しい業者を見分ければいいのでしょう。

私は、会社の財務状況がいい状態かどうか確認し、「潰れない」かどうかを客観的に見極めるには、次のポイントが重要だと考えます。

❶創業後、10年以上経っている

不動産業者に限らず、新たに設立された会社や個人事業の生存率は、1年後で70%、5年後で40%、10年経つとわずか25%だというデータがあります。

つまり、最低でも10年以上続いている会社であれば「潰れる」可能性は低いと判断できるでしょう。

会社が入居しているビルを見るのもいいでしょう。それなりのビルであれば、入居に審査があるからです。

❷ある程度の数の従業員を雇用している

社員の数が多ければ多いほど、会社はそれだけの人数の生活を支えなければなりません。

従業員の雇用に対して、責任ある行動をとる企業であれば、お客さんであるドクターにとっても有益な会社であると考えることができるでしょう。

社員数の目安は、30名以上と考えるといいでしょう。

❸帝国データバンクで55点以上

日本全国の会社に対応している信用調査会社、帝国データバンクでは、企業が健全な経営を行っているか、支払い能力があるかなどを「評点」として表しています。

私はこの評点が55点以上であれば、信頼に値すると考えます。

ただ、帝国データバンクの情報は、一般には公開されていないため、「G－Search」や「日経テレコン」などの会員になる必要があります。そのため私は、不動産事業者にデータを出してもらうのがいいと考えています。

次に、企業としての姿勢はどうあるべきでしょうか。

数字などで測ることができないため、何を基準にするか難しいところですが、**私は「お客さんの利益を第一に考える」会社であれば、まず間違いはないと考えます。**

自社にとって利幅が大きいものや、早く手放したいものを真っ先に薦めている可能性が高い会社とは距離を置いたほうがいいでしょう。

また、将来的に達成したいことや今の状況は一人一人異なります。

きちんとヒアリングした上で、それぞれにあわせたプランや物件を提案できる営業マンや企業であれば、長いお付き合いができるはずです。

私たちは「自分がお客さんだったら、買わない物件はつくらない」ことを徹底しています。

社員にも「売るものがないから仕入れるのだけはやめておけ」と常に伝えています。

上場企業であれば、財務状況を報告する義務があり、株主の意見に左右されるため、常に成長を強いられる面があります。

本来なら意に染まない物件の売買もしなければならないこともあるでしょう。

それではお客さんのためにならないと私たちは考えており、そのため、不動産開発を中心の上場はしないと決めています。

またこれからは、企業も広く社会に貢献する姿勢が求められるでしょう。

弊社でも、近年注目されている「SDGs（持続可能な開発目標）」の達成の一環として、再生可能なクリーンエネルギーへのアクセスを可能にする取り組みをスタートしています。

その取り組みとは、太陽を追ってパネルが動く太陽光発電の設備を農地の上に建てて、そこで発電した電気を弊社の管理するマンションや、お住まいの入居者が使用できる「営農型太陽光発電」です。

現在、このプロジェクトはすでに進んでおり、２０２２年7月のスタートに向けて銀行との交渉もスタートしています。


日本の農業は深刻な赤字に悩まされています。メイドインジャパンの作物を守るとともに、追尾式太陽光発電パネルで発電効率をあげカーボンニュートラルに貢献していきます。

これから不動産投資を行おうと考えているドクターは、世界の各国が積極的に導入を進めている再生可能エネルギーに企業として取り組み、社会や地球への貢献をしっかりと考え行っている会社を選択してもらいたいと考えます。

こうした姿勢が評価され、私たちは、一度、お付き合いがスタートしたお客さんからご紹介いただくご縁が一番多いのでしょう。

中古物件専門に扱っている業者には気をつける

不動産業者の財務基盤や経営状態を知るために、もう一つ、カンタンな方法があります。

それは、自社ブランドで新築の物件を建築しているかどうかです。

なぜなら、自社で土地から取得し、マンションを建設するためには相応な資金力や信用力が必要だからです。

私たちもこれまで、選び抜いた立地に、設備や建物にもこだわった50棟近くの自社ブランドのマンションを事業化しています。

その経験からも、**10棟、20棟と建設している企業は、オーナーさん、入居者さん、両方に喜ばれているから続けられていると、自信を持ってお伝えすることができるのです。**

もちろん、中古の不動産物件のみを扱っているのは、すべて「お客さんをダマそうとしている会社」というつもりはありません。

私たちも、中古物件は、状態が良いものだけを厳選して扱っています。

たとえ中古専門の業者だとしても、誠実にお客さんと向き合っている会社もあるでしょう。

ただ、市場に出回る中古の物件は、どんな業者でも扱うことができます。

独立してスタートしたばかりの会社が、まず手がけやすいのが中古の不動産です。

そのため、信用に値するかどうかは、それまでに取り扱った件数が、一つの大きな目安になるでしょう。

先にお伝えした「創業後、10年以上経っている」「ある程度の数の従業員を雇用している」「帝国データバンクで55点以上」とあわせ、これまでに200件以上の物件を扱っていることを基準にしましょう。

ワンコイン管理はほんとうに安いのか？

不動産投資は、よい物件を手に入れて親身になってくれる管理会社とお付き合いができれば、一生安泰かというと実はそうではありません。

ドクターの懐を狙う人たちは、不動産物件を運用している間も、あの手この手で近寄ってきます。

その一例が「ワンコイン管理」です。

不動産物件を所有しているオーナーは「入居者の管理」と「建物の管理」は管理会社にまかせるのが一般的です。

「入居者の管理」とは、入居者の募集から家賃の集金、そしてクレーム対応などを指します。

「建物の管理」とは、区分マンションの場合は、設備の故障やトラブル、そして入居者が退去したあとの部屋のリフォームなどの対応です。

忙しいドクターであれば、これらをすべて自分で行う「自主管理」はとても難しいでしょうから、ほとんどが管理会社まかせになるはずです。

その際、管理会社には、平均して家賃の3〜5%の手数料を支払います。

1部屋の家賃が10万円だとしたら、毎月3000〜5000円。

最近では、この管理委託費を「もっと安くできますよ」とささやく業者が現れているのです。

たとえば、5部屋持っているドクターで、平均して1室5000円の管理費を支払っているとすれば、毎月、管理費だけで2万5000円かかります。

それを「1部屋ワンコイン、つまり500円で管理する」というのが業者の言いぶんです。

つまり2万5000円が、2500円と10分の1になるというのです。

そこで「え、そんなにお得ならまかせようかな?」と思ってはいけません。

なぜなら「目先のお得」には必ず裏があるからです。

これを病院にたとえてみたらすぐにわかるはずです。

医療機関は提供した医療サービスに対して、診療報酬という形で国から支払いを受けます。

だからこそ、保険医療の範囲では、全国どこでも同じ金額で同じ治療を受けることができるのです。

ところが、いくら自由診療を行うからといって「初診料100円」などというクリニックが現れたら、誰でも「その後の治療でぼったくられる」と思うはずです。

「ワンコイン管理」だって同じです。

管理費は激安でも、内装費やリフォーム代が異常に高額だったという話があります。

またそうした業者は、ドクターが持っている物件を安く買い叩くために近寄るケースもあるようです。

「今後、金利が上がる前に」とか「これ以上古くなると入居がつかない」などと不安を煽り、適正な価格よりも数百万円も安く買い取り、転売して利益を得ているのです。

なかなか客付けをしてくれない、部屋のリフォームのセンスが悪いなど問題があったとしたら、管理会社を変えればいいでしょう。

私がここで言いたいのは、この章の最初でお話ししたように、世の中には善意で近づいてくる人ばかりではない。

そして、いくら「先生!」と崇められても、投資の場合は冷静に客観的に判断する必要があるということなのです。

高利回りで元本保証の投資はあり得ないと知る

忙しいうえに、純粋で人を信用しやすいドクターが、投資でトラブルに巻き込まれないように気をつけるべき最大のポイントとはなんでしょうか。

それは「高利回りで元本保証」などという夢のような投資商品はないと知ることです。

ドクターのように高収入の人や退職金を手にしたばかりの定年退職者などは、「高利回りで元本保証」のような「うまい儲け話」をよく持ちかけられます。

しかし、リスクの低い投資商品である投資信託などは年利で3〜5％、不動産投資も3〜5％が一般的です。

「これから上場したら30％以上の利益になる未公開株」や「市場に出回る前に手にすれば、100％以上値上がりする暗号資産」といった、通常では考えられないほどの高利回りの商品は、まず疑ってかかるべきなのです。「月々30％の配当がもらえる」とうたいながら、運用などせず、ただ元本を取り崩しているものもあります。

また、リターンが高いのに「元本保証でリスクなし」といった投資商品はありません。

出資法では「不特定多数の人に、出資の払い戻しとして元本を保証して資金を受け入れること』は禁止されています。

銀行でさえ、預けたお金のうち1000万円までしか保護されません。

しかも、銀行の金利は普通預金で0・001%ですから、「元本保証」で「利率10%」などという話があったら、「怪しい」と思って間違いないでしょう。

また、話を聞いても「なぜ儲かるのか？」仕組みがわからないものは避けるべきです。

株式投資の仕組みをカンタンに説明すると、企業の「株式を買う」ことで出資者となった株主は、会社の成長に応じた値上がり益や配当金を手にすることができるということです。

また先にもお話ししたように、不動産投資は、銀行ローンを組んで入居者が住む「ハコ」を用意することで家賃を支払ってもらい、返済金との差額を収益とする仕組みです。

このように、なぜ利益が生まれるのかを明確に説明できない投資商品は、価格が妥当かどうか買う側には理解できづらい。

どれだけ「お得だ」「リターンが大きい」「今だけです」と言われても、やはり避けるべきだと考えてください。

信頼できる相談相手を見つけよう

自分の体の状態に不安を抱える患者さんは、一人のドクターの診断をうのみにせずに「セカンドオピニオン」「サードオピニオン」を聞くべきだと私は考えています。

投資についても同じことです。

たった一人の言うことを信じてしまうのではなく、さまざまな方面から確認した信頼できる相談相手を数人、持つべきでしょう。

もちろん私たちは、ドクターという仕事の特殊性や状況を知り、どうすべきかを的確にアドバイスできるよう、常に学び続けています。

相談する相手は、幅広い業界を俯瞰して考えることができ、税金やローンに関してなど、あらゆる「お金」についての知識が深い人がいいでしょう。

最近では、SNS、特にYouTubeで投資やお金について発信している「コンサルタント」をよく見かけます。

さまざまな投資について、メリットとデメリットを両方あげるのではなく、マイナス面ばかりをあげて、投資を考えている人、またすでに投資を始めている人の危機感を煽るのです。

そして、自分が行っていることやこれから行おうとしている投資に不安を感じた視聴者の相談にのってあげる「親切な人」のように見せかけて、自社だけが儲かる商品を売りつけたり、相談者が持つ物件を安く買い叩いたりするのです。

「コンサルタント」だから中立の立場からよいアドバイスをくれるとは限りません。

肩書きなどに惑わされずに「あなたのためを思ってくれているか」の本質を見極めて判断しましょう。

自分の資産なのだから、ほったらかしにしない

投資商品を選ぶときには、うますぎる話には乗らない。

そして、始めるときから運用している最中も「忙しいから」「信頼してまかせているから」と放置しない。

ほんの少しの手間を惜しんでほったらかしにしないことが、長く着実に資産を築くためにドクターが持つべき心構えだと私は考えます。

たとえば、不動産投資をしようとするとき、業者は10年以上営業を続け、帝国データバンクで55点以上の評点を得ているかを調べてみた。

さらにもう一歩進んで、その会社が過去にどんな物件を販売しているかをたずねる、また、10年前に建てたマンションはどうなっているか見に行ってみるなど動いてみるのです。

そうすることで、書面上だけではわからない、さまざまなことが見えてくるはずです。

実際に見に行ってみたら、10年前に建てられたマンションとは思えないほど、キレイに清掃され、入り口には季節の花が飾られているかもしれません。

でも、エントランスのタイルがはがれていたり、手すりがさびていたりしたら、その会社の社員はしばらく見に来ていないとわかるでしょう。

それを見たとたん、物件に愛情を持っていない企業の姿勢を感じとって、「ほかの会社の物件にしよう」と思うかもしれません。

不動産は、多額の資金を必要とする投資です。

それなのに、私のところに相談に来るドクターのなかには、不動産投資を始めて入居者がついているのに「担当営業が辞めたから」と、入金の確認さえ怠っている、よくわからないから家賃収入の確定申告をしていないなど、自分が動かずにいて利益を失っている人も少なくありません。

担当営業が辞めたのであれば、ほかの担当をつけてくれるように連絡する。

担当者の対応が悪ければ、インターネットでほかの管理会社を探せばいい。

ほったらかしにされて入居者がつかないのであれば、「お金を払うから、部屋を見て、なぜ入居者が入らないのか相談に乗ってもらえますか？」と別の管理会社に相談すればいい。

確定申告のやり方がわからないのであれば、税理士さんに相談すればいいのです。

せっかく手に入れた金の卵を産むニワトリに、エサもやらずに放置しないで、一生大切にしてほしいのです。

あとがき

ドクターには、自分の人生の質を高めてほしい

新型コロナウイルスの感染拡大から1年たった2021年に行われたアンケートによると「医師の将来に不安はありますか？」という質問に対して「大いにある（28・6％）」「少しある（39・0％）」を合計すると、67・6％に達します。

それなのに激務をこなす医師たちの多くは、将来の不安のために「何かやらなきゃ」と思っていても、何をしたらいいのかわからないままです。

医師という仕事は、体調不良や突然のケガなどで困っている多くの人を助ける価値ある仕事です。

また、たくさんのことを犠牲にして専門的な勉強に取り組まなければできない仕事でもあります。

そのため、一般的には「人生の質を高める」ために必要な、お金や家族、そして老

後について考える時間を持てないまま、50歳、60歳になって後悔しているドクターを、私はたくさん見てきました。

現代は、インターネットの普及に伴い、知りたい情報を簡単に手に入れられるようになった代わりに、ほんとうに必要でない情報があふれて「なにを選んだらいいのかわからない」という声を耳にします。

多忙のあまり、人生において大切な役割を果たすお金についても、役に立つ情報を精査できないドクターのために、私はこの本を書いたのです。

稼いだお金は資産に変えておくべき

国債と借入金などを合計した「国の借金」は、「2020年度末で、初めて1200兆円に達した」と報道されました。

政府の債務は返済されることなく、じわじわと積み上がっています。

国の立場としたら、増税して歳入を増やし、社会福祉などを減らして歳出をカットすることで債務を削減するのが理想でしょう。

しかし、そうカンタンに税金を上げることはできないため、貨幣発行に頼らざるを得ないのが実情です。

貨幣がばら撒かれ続けたら、市場に流通する量が増えて当然、価値が下がります。

お金を稼いでいるドクターほど、価値が目減りしない資産に変えておくべきなのです。

医師という職業を選んだ時点で、ドクターは「稼ぐ」ことにはさほど苦労しないでしょう。

でも、せっかく稼げるのであれば、育てる力を身につけて、有効に使ってほしい。

そのために、忙しいドクターに最適なのが不動産投資だと私は考えているのです。

もちろん、10年後、20年後、そして30年後に不動産価格がどうなっているかは誰にも予測はできません。

ただ、特に継続的に人口の流入が見込める都市部では、地価が大幅に下がることはないでしょう。

世界的に見ても、日本の都市部はインフラが整い治安がよく、食事がおいしくて暮らしやすい、魅力的な環境にあります。

私は、一人でも多くのドクターに、この本をきっかけに、週末の2日間だけでもいいので、ご自身の人生やお金、そして老後などについて考えてみてほしいのです。

人並み以上に働き、稼いでいるのだから、一生、お金に困ることなく、お金の不安を抱えることなく過ごしてほしい。

そのために、不動産投資という選択肢を知り、実際に行動に移すドクターが増えることを願っています。

北尾 龍典（きたお　たつのり）

株式会社レオンホールディングス　代表取締役。
（株式会社レオン都市開発を含む、グループ会社９社を経営）

1974年、滋賀県大津市に生まれる。
土地、建物などの不動産に興味があったため、大学在学中に宅地建物取引士の資格を取得。

卒業後、不動産会社に就職し、不動産に興味を持つ医師と多く接するが、あまりにもお金に対する知識がない人ばかり。寝食を忘れて患者さんのために尽くす、多くのドクターの将来に危機感を覚える。

2004年、不動産を中心に、資産の有効活用をアドバイスする、株式会社レオン都市開発を設立。

将来に不安を抱える医師や、不動産で資産を築きたい人々のために、先を見据えたコンサルを行っている。

不動産会社は毎年6000軒開業し、5000軒廃業するといわれる中、総管理戸数4000戸を目前にし、16年以上、堅実に利益を出し続けている。

■ STAFF
編集協力 ………… 塩尻朋子
デザイン ………… 穴田淳子（ア・モールデザイン室）
協　力 ………… 小泉昭子
出版プロデュース… 株式会社天才工場 吉田浩

手間をかけずに資産を増やす！
医師のための投資術

2021年8月10日 第1刷発行

著　者 北尾 龍典
発行者 千葉 均
編　集 碇 耕一
発行所 株式会社ポプラ社
〒102-8519 東京都千代田区麹町 4-2-6
一般書ホームページ www.webasta.jp
印刷・製本 中央精版印刷株式会社

N.D.C.336/190p/19cm ISBN978-4-591-17076-2

P8008348